베단따 사상의 개론서, 《베단따 사라》 해제

# 베단따의 정수

사다난다 지음
박효엽 옮김

지식산업사

역자 박효엽
경북대학교 철학과 졸업, 인도 베나레스(바라나시) 힌두대학교(Banaras Hindu University) 인도 철학·종교학 석사, 뿌네대학교(University of Pune) 철학박사
현재 경북대학교 철학과 강사, 한국학중앙연구원 박사후연수과정 연구원, 사단법인 아헹가 요가협회와 한국요가연합회에서 활동
주요 논문 – 〈The Logic of Avidyā in Śaṅkara's Advaita Vedānta〉(박사학위논문, 2003), 〈샹까라의 인과 이론: '무지에 의한 브라흐만 가현설'〉, 〈아드와이따 베단따에서 지식 전달의 중심적 방법: '가탁과 탈-가탁'인가, '함축'인가?〉

베단따의 정수

초판 제1쇄 인쇄 2006. 10. 25.
초판 제1쇄 발행 2006. 10. 30.

지은이 사다난다
옮긴이 박효엽
펴낸이 김경희
펴낸곳 ㈜ 지식산업사
서울시 종로구 통의동 35-18
전화 (02)734-1978(대) 팩스 (02)720-7900
인터넷한글문패 지식산업사
인터넷영문문패 www.jisik.co.kr
전자우편 jsp@jisik.co.kr
등록번호 1-363
등록날짜 1969. 5. 8.

책값은 뒤표지에 있습니다.


ISBN 89-423-6031-9 93150

이 책을 읽고 문의하고자 하는 이는 지식산업사 전자우편으로 연락 바랍니다.

# 역자 서문

인도의 유구한 역사 속에서도 베단따 사상만큼 뿌리가 깊고 열매가 풍부한 사상을 찾아보기란 결코 쉬운 일이 아니다. 베단따 사상은 붓다 이전의 고전 우빠니샤드에서 이미 범아일여(梵我一如)의 원리를 갈파했으며, 불교의 융성기에도 그 전통을 잃지 않고 보존하여 마침내 불교를 넘어 정통 힌두교의 정신을 세웠다. 그리고 적어도 기원후 8세기 이후부터는 베단따 사상을 빼고 인도의 철학과 종교를 이야기할 수 없을 만큼 막강한 영향력을 미치기 시작했다. 인도가 영국의 식민지였던 시절에도, 자주와 독립을 부르짖은 많은 지식인들은 오직 베단따 사상에 기초하여 인도정신의 고귀함과 위대함을 나라 안팎에 알렸다. 20세기에 나온 수많은 인도의 성자들이나 요가 수행자들 또한 직·간접적으로 베단따 사상을 바탕으로 깨달음을 얻었고, 그 내용을 서구에 퍼뜨렸다.

혹자는 이러한 베단따 사상이 인도에서 또는 인도인에게 가장 적합한 사유의 패러다임이라고 말하기도 한다. 비록 베단따라는 이름 아래 수많은 종류의 서로 다른 사상들이 나왔지만, 그것들 모두가 베단따로서 공유하고 있는 그 무엇은 인도라는 토양에서 숙명적으로 자랄 수밖에 없었다는 것이다. 그 무엇을 한두 마디로 완벽하게 제시할 수는 없다. 그저 비유를 통해서 거칠게 묘사해 본다면, 뿌리가 위를 향하고 가지가 아래를 향하는 영원한 우주 나무가 적합할 것이다. 《까타 우빠니샤드》(Kaṭha-upaniṣad)에 나오는 이 우주 나무는 단일한 뿌리로부터 모든 복합현상계가 가지처럼 아래로 뻗어 나왔다는 것을 상징한다. 그래서 가지처럼 다종다양한 세계와 가지처럼 정체불명인 자신 속에서 살고 있는 사람들은 그 뿌리를 찾아내야만 한다. 그 뿌리는 바로 세계의 배후에서 제 1 원인으로 존재하는 근원적 실재이고, 허구적인 '나'의 배후에서 관찰자로 존재하는 참 '나'이다. 베단따에서 말하는 '브라흐만'이라든가 '아뜨만'이라는 것은 단지 그 뿌리와도 같이 근원적인 것에 붙인 이름에 지나지 않는다. 결국 베단따라는 하나의 사상이 수천 년 동안 유지되고 영향력을 미칠 수 있었던 것은 세계와 자신의 근원에 대한 줄기찬 탐구 때문일지도 모른다.

'나는 누구인가?'라는 질문은 본디 베단따 전통에 속하는 것으로서, 자신의 근원에 대한 탐구와 관계가 있다. 이는 곧 우주 나무의 뿌리에 대한 탐구이다. 또한 이는 인간이 자기제어나 자기초월을 통해 자신의 진정한 모습을 발견함으로써, 신과 합일되거나 심지어 신 이상의 존재로 거듭날 수 있다는 믿음에서 출발한다. 그리고 그 믿음을 현실화하는 수단이 지혜와 무심(무욕)이다. 지혜와 무심의 칼로 둥치를 베어버려야 뿌리에 이를 수 있기 때문이다. 지혜는 자신이 본래 순수하고 불멸하는 아뜨만이라는 사실을 분별해서 아는 것이고, 무심은 모든 욕망에서 완전히 벗어나 무엇에도 집착하지 않는 것이다. 뿌리에 이르게 되면 인간의 영혼은 완전한 자유를 얻는다. 그러면 '나는 누구인가?'라는 질문에 대해 자신이 '누구'라고 스스로 대답한 것들이 모두 진정한 '나'가 아님을 알게 되고, 최종적으로 아무런 꾸밈이 없는 '나'만 온전하게 남는다.

이와 같이 자신에 대한 탐구를 주요 특색으로 하는 베단따는 현대에도 여전히 살아서 구현되어 있는 전통이다. 만약 베단따 사상이 이론적인 영역에만 머물러 실천적인 영역에서 살아 구현되지 못했다면, 그처럼 장대한 전통을 이루지 못했을 것이다. 이론과 실천의 오묘한 조화는 인도사상의 강점이다. 베단따 사상의 이론적 체계는 일상적인 언어로 일상화해 있었기에, 그 사상을 향유하는 방향이 '식자(識者)에서 대중에게로'가 아니라 '대중에서 식자에게로'였다. 일반인들이 '나는 누구인가?'라는 질문을 안고 베단따 정신을 체현한 식자나 구도자 또는 성자를 찾아가는 것은 바로 그 살아 구현되어 있는 전통을 만나러 가는 것에 다름 아니었다. 이러한 점에서 베단따 사상은 인도에서 가장 오래된 전통이고 지금도 일상에서 그대로 전승되는 전통인 셈이다.

## 도대체 '베단따'란 무엇인가?

'베단따'라는 말은 인도에서 가장 오래되고 가장 위대한 문헌인 '베다'의 '끝부분'이라는 뜻이다. 사실, 연대적으로 베다의 앞부분을 형성하는 문헌들은 수많은 신을 찬양하고, 제의의 규정을 정립하고, 인간의 생활규범을 확정하는 내용들로 가득하다. 물론 그러한 문헌들에도 철학적 내용이 없었던 것은 아니다. 그러나 철학적 사유가 본격적으로 등장한 곳은 바로 우빠니샤드라는 문헌들부터이다. 이 우빠니샤드가 곧 베다의 끝부분이요 베단따이다. 우빠니샤드는 붓다 이전에 형성된 것부터 영국 식민지 초기에 형성된 것까지 그 수가 엄청나지만, 대략 기원전 7세기부터 기원전 3세기까지 형성된 10여 종의 고전 우빠니샤드들만 일반적으로 우빠니샤드라고 부른다.

우빠니샤드의 사상은 불교가 흥기하던 시대에 상대적으로 세력이 약화되지만, 기원후 8세기 무렵부터 불교의 세력이 약해지면서 화려한 중흥을 맞이한다. 그리하여 우빠니샤드의 전통을 이어받은 한 무리 학자들이 다루는 사상 체계를 우빠니샤드의 연장선 위에서 또한 '베단따'라고 부르게 된다. 왜냐하면 이 학파는 우빠니샤드(베단따)에 절대적인 권위를 부여하고, 그것을 일관적으로 해석하는 일에 관심을 가지기 때문이다. 바로 이 초기의 베단따 학파를 후대의 다른 베단따 학파들과 구별하여 '아드와이따(비-이원적) 베단따'라고 부른다.

한편 대략 11세기 이후부터는 신에 대한 사랑을 강조하는 유신론적 전통의 여러 베단따 학파들이 본격적으로 나오기 시작한다. 그러한 학파들은 비슈누 신을 최고의 실재로 여기면서, '한정 비-이원적', '이원적', '비-이원적 겸 이원적' 등의 관점에서 더 대중적인 베단따 사상을 전개한다. 베단따 사상의 이러한 흐름은 중세 인도가 종교적인 사상의 득세로 이어졌다는 점과 무관하지 않다. 게다가 모든 베단따 학파들이 성전으로 삼고 있는 우빠니샤드가 다양한 방식으로 해석될 소지를 가지고 있는 점과도 깊은 관계가 있다.

비록 베단따 학파가 적어도 다섯 개 이상의 학파들로 나누어졌다고 할지라도, 그들은 분명히 전체로서 하나의 베단따 학파라고 불릴 수 있다. 왜냐하면 우빠니샤드에서 실재를 일컫는 말은 '브라흐만'이고, 모든 베단따 학파들은 어떤 방식으로든지 그 '브라흐만'을 최고의 실재로 여기기 때문이다. 그래서 베단따 사상은 한마디로 정리하면 '브라흐만 학설'이라고 할 수 있다. 브라흐만을 어떤 존재로 보느냐, 또는 그 브라흐만과 개별적 아뜨만 그리고 세계와의 관계를 어떻게 보느냐에 따라 다양한 학파로 나뉜다.

### '아드와이따 베단따'와 범아일여

베단따 학자들 가운데 4분의 3이 아드와이따 베단따 학자들이라고 말할 정도로, 아드와이따 베단따는 주도적인 학파이다. 심지어 베단따라는 명칭은 곧잘 아드와이따 베단따만을 가리킨다. 그만큼 아드와이따 베단따는 수천 년을 이어온 베단따의 전통에서 중요한 자리를 차지하고 있다. 다른 베단따 학파들이 서슴없이 이 학파를 공격과 비난의 대상으로 삼았다는 사실 또한 이 학파의 위상을 간접적으로 말해준다.

'아드와이따'라는 용어는 '비(非)-이원성'을 뜻한다. 이는 우빠니샤드의 가르침인 범아일여, 즉 우주적이고 보편적인 실재가 인간 내면의 궁극적인 아뜨만과 동일하다는 사상과 일맥상통한다. 이 점은 아드와이따 베단따 사상을 잘 요약한 표현으로 알려진 '브라흐만은 실재이고, 세계는 허구이고, 개별적 아뜨만은 브라흐만(궁극적 아뜨만) 자체와 다르지 않다'는 문구에서도 확연히 드러난다. 대우주적 관점에서는 세계가 허구이고 브라흐만이 실재이며, 소우주적 관점에서는 개별적 아뜨만이 허구이고 궁극적 아뜨만이 실재이다. 그래서 대우주적 관점에서 실재인 브라흐만과 소우주적 관점에서 실재인 아뜨만은 모두 실재로서 차이가 없다. 이것이 범아일여이다.

아드와이따 베단따에서 중요한 논제 가운데 하나는 우빠니샤드의 문구들을 어떻게 일관적으로 해석할 것인가 하는 점이다. 바꿔 말해서, 우빠니샤드의 문구들이 개별자와 브라흐만의 동일성을 끊임없이 가르치고 있다는 사실을 검증하는 것이 주된 과제이다. 무엇보다 우빠니샤드의 대문구, 즉 '위대한 전언'을 제대로 해석하는 것은 해탈을 위한 지름길이다. 따지고 보면 아드와이따 베단따의 형이상학은 범아일여의 사상을 담은 '그것이 너이다', '나는 브라흐만이다'라는 대문구에서 대우주적인 '그것'이나 '브라흐만', 소우주적인 '너'나 '나'를 올바로 이해하기 위한 사전 작업이다. 바로 그러한 형이상학을 바탕으로 대문구에 담긴 범아일여의 지식을 직접 얻는 것이 아드와이따 베단따의 주요 방법론이다.

### 《베단따의 정수》라는 책에 관하여

《베단따의 정수》는 아드와이따 베단따의 개론서 또는 입문서라고 할 수 있다. 오늘날 인도 대학의 철학과나 산스크리트 학과에서는 대부분 이 책을 교과과정에서 가르치고 있다. 그뿐만 아니라 인도학을 다루는 서구 등지의 대학이나 연구소에서도 이 책은 널리 읽히고, 영어 등을 비롯한 수많은 언어로 번역되어, 베단따 사상을 공부하고자 하는 이들에게 개론서 구실을 톡톡히 하고 있다.

《베단따의 정수》는 기원후 15세기 무렵에 흔히 '사다난다'라고 불리는 학자 '사다난다 요긴드라 사라스와띠'(Sadānanda Yogīndra Sarasvatī)가 썼다. 그때는 아드와이따 베단따의 위대한 학자들이 이미 엄청난 학문적 유산을 남긴 뒤였기에, 더 이상 학파의 창조적인 발전이 불가능해 보였던 시대이다. 그러한 가운데 사다난다는 베단따 즉 아드와이따 베단따의 개론서로서 《베단따의 정수》를 써내는데, 이 책이 아드와이따 베단따에서 차지하는 역사적 위상은 쉽게 무시될 수 없다. 상크야-요가 철학의 영향을 직·간접적으로 드러내고, 아울러 아드와이따 베단따의 철학적 전통을 일목요연하게 정리한 점에서 이 책은 사상적으로 중요한 공헌을 했다. 또한 이 책에 대해 많은 주석서들이 씌어졌다는 사실은, 이 책이 단순히 개론서에만 머물지 않고 그 이상의 생산적인 구실을 했다는 점을 방증한다.

## 《베단따의 정수》의 주요 내용

개론서인 《베단따의 정수》의 구체적 내용을 이해하는 것은 크게 어렵지 않다. 우선, 전체 서른여덟 개 편들은 다섯 가지 큰 주제로 묶을 수 있다. 그것들은 'Ⅰ. 예비관련항, Ⅱ. 가탁, Ⅲ. 탈-가탁, Ⅳ. 실행, Ⅴ. 생해탈자'이다. '예비관련항'에서는 아드와이따 베단따에 입문하는 이가 이해하고 또 갖추어야 할 조건들을 말한다. '가탁'에서는 실재 위에 허구적으로 가탁된 현상세계의 구조를 밝힌다. '탈-가탁'에서는 그와 같이 가탁된 현상세계로부터 다시 실재를 인식하는 탈-가탁의 과정을 대문구의 해석 문제와 연관시켜서 보여 준다. '실행'에서는 실재에 대한 직접적 지식을 얻기 위해서 실제적으로 행해야 할 것들을 제시한다. 마지막으로 '생해탈자'에서는 살아서 해탈을 얻은 이가 어떤 경지에 이르게 되는가를 묘사한다. 이러한 다섯 가지 큰 주제는 각각 예비학·형이상학·해석론·수행론·해탈론과 관계한다고 할 수 있다.

《베단따의 정수》를 얼핏 훑어보면 상크야-요가 사상이 곳곳에 스며들어 있는 것을 볼 수 있다. 분량으로 볼 때 거의 책의 절반을 차지하는 '가탁'을 다루는 곳에서 그 논제인 세계의 전개(창조) 이론은 여러 모로 상크야의 그것과 닮아 있다. 세계의 전개 주체와 전개 방식, 전개물 또한 비슷하다. 그리고 '실행'에서 다루는 삼매와 8지분, 삼매의 장애들은 요가의 그것과 흡사하다. 하지만 《베단따의 정수》

는 분명히 아드와이따 베단따의 전통을 충실하게 고수하는 책이다. 책 전체를 놓고 볼 때 부분적으로 상크야와 요가의 사상들을 주체적으로 받아들였을 뿐이며, 아드와이따 베단따의 전통을 일관적으로 강조하기 때문이다.

《베단따의 정수》에서 중심어는 '가탁과 탈-가탁'과 '부분 함축'(폐기-수용 함축)이다. 가탁과 탈-가탁은 아드와이따 베단따에서 전통적인 지식(교훈) 전달의 방법이며, 부분 함축은 아드와이따 베단따에서 고유한 대문구 해석의 방법이다. 그리고 이 두 가지 방법은 필수불가결하게 연관된다.

가탁과 탈-가탁이란, 실재인 브라흐만이 언표 불가능한 것임에도, 그것에 대한 지식을 언어로써 전달해야 하는 역설적 상황을 해결하기 위해 고안된 일종의 방편이다. 그래서 실재에 실재가 아닌 것을 가탁하고, 다시 그 가탁된 비-실재가 사실은 실재가 아니라고 탈-가탁한다. 이러한 가탁과 탈-가탁의 과정을 반복하면 최종적으로 브라흐만이라는 언표 불가능한 궁극적 실재가 드러난다. 무엇보다 이 방법으로 대우주적이고 집합적인 관점에서 가탁된 것들과 가탁의 근저인 것, 소우주적이고 개별적인 관점에서 가탁된 것들과 가탁의 근저인 것이 명확하게 알려진다. 그 결과로 '그것이 너이다'와 같은 대문구에서 대우주적인 '그것'이 뜻하는 바와 소우주적인 '너'가 뜻하는 바를 알게 된다. 가탁과 탈-가탁의 방법을 통해서 대문구를 구성하는 '그것'과 '너'라는 말의 의미가 명료해짐으로써, 함축의 방법을 적용할 수 있게 되는 것이다. 문구를 해석하기 위해서는 그것을 구성하는 말의 의미가 먼저 명료해져야 하기 때문이다.

함축이란, 일반적으로 어떤 말의 일차적(명시적) 의미가 적용되지 않을 경우에 그 말의 이차적(함축적) 의미를 적용하는 것이다. 우선

'그것이 너이다'라는 대문구에서 신을 뜻하는 '그것'은 개별자를 뜻하는 '너'와 결코 동일하다고 말할 수 없다. 곧 일차적 의미를 통해서는 양자의 동일성이 알려지지 않는다. 그래서 가탁과 탈-가탁의 방법을 통해 명료해진 '그것'과 '너'라는 말 각각의 명시적 의미와 함축적 의미를 '그것이 너이다'라는 대문구에 적용한다. '그것'이 뜻하는 신이나 '너'가 뜻하는 개별자는 분명히 명시적으로 모순되지만, 두 말은 모두 순수의식으로서 실재를 함축하고 있다. 따라서 두 말 사이에 모순되는 부분이 폐기되고 모순되지 않는 부분이 수용되는 함축이 성립한다. 이것이 바로 '부분 함축' 또는 '폐기-수용 함축'이다. 부분 함축을 통해 최종적으로 알려지게 되는 문구의 의미는 '너'와 '그것'의 동일성, 즉 개별자와 브라흐만의 동일성에 관한 지식이다. 그리고 이 지식은 이제 '나는 브라흐만이다'와 같이 '나'와 '브라흐만' 사이의 동일성이라는 직접적 지식의 형태로 경험되어야 한다. 결국 함축의 방법으로 실재에 대한 직접적 지식에 이를 수 있게 되므로, 함축의 방법은 넓은 의미에서 탈-가탁이라고도 볼 수 있다.

사실, 가탁과 탈-가탁을 통해서는 아드와이따 베단따의 기본적 형이상학을 일견할 수 있고, 부분 함축을 통해서는 아드와이따 베단따의 해석론을 일별할 수 있다. 두 방법을 적용하여 도출되는 결론은 최고의 가르침인 개별자와 브라흐만의 동일성이다. 그 동일성에 대한 직접적 지식이 해탈의 유일한 수단이다. 그러므로 가탁과 탈-가탁과 부분 함축은 아드와이따 베단따라는 사상 전체를 이해하는 데 필수적이다. 《베단따의 정수》는 이러한 두 방법과 그것들의 상호 연관성을 가장 체계적으로 제시해 주는 책이며, 또한 두 방법들을 중심으로 아드와이따 베단따라는 체계 전체를 가장 쉽게 설명해 주는 책이다.

## 《베단따의 정수》는 아름다운 책이다

《베단따의 정수》는 아드와이따 베단따라는 학계에서 새로운 논의를 만들어내지는 않지만 기존에 논의된 것들을 아주 명쾌하게 소개하고 있다. 그래서 몇몇 주제에 관해 깊이 있는 접근을 한다기보다는 그저 개론적인 내용들을 전달하는 것에만 충실하다. 물론 어떤 부분에서는 상당히 압축적인 표현과 내용이 나오기도 하지만, 전반적으로 개론서 기능에 충실한 책이라고 할 수 있다.

무엇보다도 이 책이 개론서로서 돋보이는 부분은 책 전체의 구성적 측면이다. 《베단따의 정수》는 마치 잘 지어진 건축물과 같이 구조가 탁월하다. 아드와이따 베단따에 입문하는 단계부터 도달점인 해탈에 이르는 단계까지 학습하게 될 내용들을 순서대로 배치하고 있다. '가탁'을 다루는 부분에서도 먼저 실재에 비-실재가 가탁되는 형이상학적이고 우주론적인 측면을 설명하고, 아뜨만에 비-아뜨만이 가탁되는 경험적이고 심리적인 측면을 설명한다. 그에 걸맞게 '탈-가탁'을 다루는 부분에서도 '그것이 너이다'라는 형이상학적 문구에 대한 해석을 마치고, '나는 브라흐만이다'라는 경험적 문구에 대한 해석을 시작한다. 따라서 이 책은 차례대로 읽어야만 의미를 온전하게 습득할 수 있다.

더 나아가 각론에서도 이 책은 과학적인 서술 방식을 견지한다. 결코 유려한 문장을 사용하지는 않지만, 아드와이따 베단따의 주요 용어들을 빠뜨리지 않은 채 정의와 설명, 대조와 대비, 반복과 강조를 통해서 주제를 분명하게 드러낸다. 그래서 읽으면 읽을수록 감추어진 묘미가 드러난다. 《베단따의 정수》는 단순하지만 아름다운 책이다.

《베단따의 정수》라는 번역서가 출간되는 데 큰 도움을 주신 두 분께 감사하지 않을 수 없다. 한 분은 인도에서 오랫동안 인도철학을 공부하고 계시는, 역자의 동료이고 도반이자 스승인 이승림 선생님이시다. 다른 한 분은, 도저히 출간될 수 있으리라고 생각지 않은 상황에서 선뜻 출간을 허락해 주신 지식산업사의 김경희 사장님이시다. 두 분께 깊은 감사를 드린다.

옴 따뜨 사뜨(Om Tat Sat)

역자 박효엽 합장

# 차 례

## 일러두기

◆ 이 책은 제이콥 대령(Colonel G. A. Jacob)이 1894년에 편집 출판하고, 1911년에 재판을 낸 《베단따 사라》(Vedānta-sāra, 15세기 작품) 교정본을 완역한 것이다. 제이콥이 재판의 서문에서 밝히듯이, 재판의 본문은 초판의 본문 가운데 한두 군데를 교정했다고 한다. 제이콥은 공식적으로 《베단따 사라》에 관한 열여섯 개 필사본과 출판본을 참고하여 교정본을 만들었다.

◆ 위 교정본에는 사다난다(Sadānanda)의 《베단따 사라》와 함께 느르싱하 사라스와띠(Nṛsiṃha Sarasvatī)와 라마띠르타(Rāmatīrtha)의 주석들이 편집되어 있지만, 이 번역본은 오직 《베단따 사라》 전문만을 싣고 번역했다. '주석'과 '해설'은 역자가 작성한 것이다.

◆ 이 번역본에 실린 산스크리트 원문의 로마자 표기는 제이콥의 데와나가리(Devanāgarī) 교정본에서 그대로 옮긴 것이며, 교정본에서 문제가 있는 부분은 '해설'에서 따로 언급하였다. 다만 원문에서 인용 문구가 쓰이는 경우에, 제이콥은 인용 문구와 그 앞뒤 구절 사이에 연성법(sandhi)을 적용하는데, 이 번역본에서는 인용 문구를 하나의 독립적인 구절이나 문장으로 여겨 그와 같은 연성법을 적용하지 않았다.

◆ 이 번역본에서는 원문에 대한 직역을 원칙으로 하였다. 특별히 문법에 관한 설명이 없이도 번역문만으로 원문을 이해할 수 있도록, 원문의 문장 형식이나 구조에 번역문을 적절히 대응시키는 방법을 택하였다. 그리고 산스크리트의 고유한 특성인 수동태 표현도 불가피한 경우를 빼고는 능동태 표현으로 바꾸지 않았다.

◆ 제이콥의 교정본은 서른여덟 개 '편'(篇)으로 나뉘어 있다. 이 번역본에서는 그러한 '편'을 역자가 임의로 하나 이상의 문장으로 구성된 '항'(項)으로 나누었다. 대부분의 '항'들은 하나의 문장으로 구성되지만, 어떤 '항'들은 둘 이상의 문장으로 구성된다. 후자의 경우는 내용의 연관성을 고려했기 때문이다. 원문과 번역문에 표기된 번호의 앞부분은 '편'을, 뒷부분은 '항'을 나타낸다. 예컨대, 4.10은 4편의 10항을 뜻한다.

◆ 제이콥의 교정본에는 서른여덟 개 '편'에 대한 구분만 있을 뿐, '편'에 대한 제

목이 없다. 따라서 서른여덟 편 각각에 부여된 제목들은 역자가 각 '편'의 내용을 바탕으로 직접 작성한 것이다. 그리고 서른여덟 개 '편' 전체를 일목요연하게 이해할 수 있도록, 역자가 다섯 개 중심어를 이용하여 서른여덟 개 '편'을 크게 다섯 부분으로 나누었다.

◆ 역자가 작성한 '주석'에서는 주로 원문에 나오는 주요 용어와 구절을 설명하였고, '해설'에서는 주로 원문의 전체 내용을 상설하고 정리하고 보완하였다.

◆ 산스크리트의 한글 표기에 관해서는 가능한 한 원어 발음 그대로 적는 원칙을 적용하였다. 다만 'v'라는 산스크리트 문자의 경우, 단어의 첫머리에 올 때는 'b' 발음을 적용하였고 그렇지 않을 때는 'w' 발음을 적용하였다. 예컨대, 'vedānta'를 '베단따'로 표기하였고, 'advaita'를 '아드와이따'로 표기하였다.

◆ 원문에서 가장 많이 인용된 우빠니샤드들의 경우, '장절의 분류'는 우빠니샤드 교정본[*Aṣṭādaśa-upaniṣadaḥ*(Ed. V. P. Limaye & R. D. Vadekar, Poona : Vaidika Saṃśodhana Maṇḍala, 1958)]을 그대로 따랐다.

◆ '찾아보기'에서는 '주석'과 '해설'에 나오는 용어들 말고 본문에 나오는 주요 용어들만을 정리하였다. 그리고 '쪽수' 대신에 '편 · 항'의 번호를 명기하였다.

◆ 이 번역본에서는 다음과 같은 부호를 썼다.

[ ] : 원문에는 없는 말이지만 이해를 돕기 위해 번역문에 첨가한 경우
– : 원문의 한 문장을 불가피하게 두 문장으로 나누어서 번역한 경우
; : 원문의 두 문장을 불가피하게 한 문장으로 이어서 번역한 경우
√ : 산스크리트 동사 어근
" " : 직접 인용문
' ' : 예시문, 산스크리트 원어, 강조, 구별, 기타 일반적 용법
( ) : 번역문에서 지시어 표기, 인용의 출처, 참고할 편 · 항, 기타 일반적 용법

◆ 문헌 약호

| | |
|---|---|
| 가우–까 | 가우다빠디야 까리까 (*Gauḍapādīya-kārikā*) |
| 까타–우 | 까타 우빠니샤드 (*Kaṭha-upaniṣad*) |
| 께나–우 | 께나 우빠니샤드 (*Kena-upaniṣad*) |

| | |
|---|---|
| 나이-싯 | 나이슈까르므야 싯디 (*Naiṣkarmya-siddhi*) |
| 따잇-우 | 따잇띠리야 우빠니샤드 (*Taittirīya-upaniṣad*) |
| 르그 | 르그 베다 (*Ṛg-veda*) |
| 마누 | 마누 스므르띠 (*Manu-smṛti*) |
| 만두-우 | 만두끄야 우빠니샤드 (*Māṇḍūkya-upaniṣad*) |
| 문다-우 | 문다까 우빠니샤드 (*Muṇḍaka-upaniṣad*) |
| 바가-기 | 바가와드 기따 (*Bhagavad-gītā*) |
| 바끄야 | 바끄야 수다 (*Vākya-sudhā*) |
| 브라-수 | 브라흐마 수뜨라 (*Brahma-sūtra*) |
| 브르-우 | 브르하다란야까 우빠니샤드 (*Bṛhadāraṇyaka-upaniṣad*) |
| 빤짜 | 빤짜다쉬 (*Pañcadaśī*) |
| 슈웨-우 | 슈웨따슈와따라 우빠니샤드 (*Śvetāśvatara-upaniṣad*) |
| 요가-수 | 요가 수뜨라 (*Yoga-sūtra*) |
| 우빠데샤 | 우빠데샤 사하스리 [*Upadeśa-sāhasrī* (Padyabandha)] |
| 찬도-우 | 찬도그야 우빠니샤드 (*Chāndogya-upaniṣad*) |
| 하스따 | 하스따말라까 (*Hastāmalaka*) |

# Ⅰ. 예비관련항(豫備關聯項, anubandha)

1. 아뜨만에 귀의함
2. 스승에 대한 경배
3. 베단따와 예비관련항
4. 예비관련항들
5. 스승과 '가탁과 탈-가탁의 방법'

# 1. 아뜨만에 귀의함

**1.1** [내가] 열망하는 것을 이루기 위하여, 불가분체이고 순수존재·순수의식·순수환희이며 언어와 사유의 영역 밖에 있고 모든 것의 근저인 아뜨만에, 나는 귀의한다.

akhaṇḍaṃ saccidānandam avāṅmanasagocaram |
ātmānam akhilādhāram āśraye 'bhīṣṭasiddhaye ‖ 1.1 ‖

▮주 석▮

akhaṇḍa : 불가분체(不可分體)

유일무이한 실재인 브라흐만(Brahman)에 대한 부정적 어법이다. 브라흐만에 '부분'(차이)이 없다는 것을 밝힘으로써 브라흐만이 '전체'(동일)라는 것을 뜻한다. 어떤 사물에서 '그 자체의 내적 차이', '동일한 보편자 안에서 서로 다른 개별자와의 차이', '서로 다른 보편자와의 차이'와 같은 어떠한 차이도 브라흐만에 적용될 수 없기 때문이다. 이 차이는 또한 관계를 뜻하기도 한다. 따라서 불가분체는 무-차이성, 무-관계성 등과 더불어 유일무이성·동일성·단일성 등을 특징으로 하는 브라흐만을 가리킨다.

saccidānanda : 순수존재·순수의식·순수환희

브라흐만에 대한 '본질적 정의'(svarūpa-lakṣaṇa)로서 '순수존재'(sat), '순수의식'(cit), '순수환희'(ānanda)라고 풀이된다. 브라흐만에 대한 긍정적 어법의 형태이다.

이 책과 저자가 속한 학파는 아드와이따 베단따(Advaita Vedānta), 즉 비-이원적(非二元的) 베단따이다. 이 학파는 우빠니샤드의 핵심사상이라고 할 수 있는 범아일여(梵我一如)를 옹호한다. 잘 알려진 바대로 범아일여는 대우주적 실재인 브라흐만[梵]과 소우주적 실재인 아뜨만[我]이 동일하다는 것[一如]을 주 내용으로 한다. 바꿔 말해서, 실재로서 초월적 브라흐만이, 실제로는 개개인의 참 '나'이며, 내재적 아뜨만에 다름 아니라는 것이다. 사실 초월적(vyāvṛtta)이라거나 내재적(anugata)이라는 것은 논리적 영역이나 방법적 관점의 술어들이며, 궁극적으로 브라흐만 또는 아뜨만은 언어 초월적이고 사유 초월적인 특성으로 말미암아 탈-내재적-초월적(an-anugata-vyāvṛtta)일 뿐이다.

브라흐만은 유일무이(ekameva-advitīya)한 실재(tattva)이다. 브라흐만에 대해 가장 오래되고 잘 알려진 정의는 《따잇띠리야 우빠니샤드》(Taittirīya-upaniṣad) 2.1에 나온 '순수존재'(satya), '순수지식'(jñāna), '무한'(ananta)이다. 후대 아드와이따 베단따 학자들에 따르면, 브라흐만에 대한 이러한 정의에서 '무한'은 '순수환희'와 등치될 수 있다고 한다. 무한한 것만이 경험적 영역의 환희(행복)를 넘어선 순수환희일 수 있으며, 또한 그 반대도 가능하기 때문이다. 물론 순수지식과 순수의식이 유의적(類意的)이라는 것은 말할 필요조차 없다. 그래서 샹까라(Śaṅkara; 기원후 8세기 무렵, 아드와이따 베단따의 체계자) 이후의 아드와이따 베단따에서는 브라흐만에 대해 주로 '순수존재'(sat), '순수의식'(cit), '순수환희'(ānanda)라는 정형화한 정의를 선호한다. 브라흐만과 아뜨만은 동일한 것이므로, 브라흐만에 대한 정의는 곧 아뜨만에 대한 정의이다.

한편, 브라흐만에 대한 본질적 정의와는 별도로 '우유적(偶有的) 정의'(taṭastha-lakṣaṇa)가 있다. 《브라흐마 수뜨라》(Brahma-sūtra) 1.1.2에서는 "그 무엇(브라흐만)으로부터 이것(세계)의 생성 등"이라고 한다. 곧 브라흐만이 세계(우주)의 생성(창조), 유지, 소멸(파괴)의 원인이라는 것이다. 이때 브라흐만은 질료인(質料因)인 동시에 동작인(動作因)이다.

브라흐만에 대한 이러한 정의가 바로 우유적 정의이며, 이 정의로부터 브라흐만이 세계로부터 자유로운 존재라는 사실을 강조한다.

브라흐만에 대한 두 가지 정의는 《베단따 빠리바샤》(Vedānta-paribhāṣā) 8장의 초반부에 나온다. 그렇지만 브라흐만은 언어 초월적이기 때문에 브라흐만에 대한 어떤 정의도 경험적 영역에서만 의의를 가질 뿐이다. 브라흐만의 언어 초월성 또는 초-경험성은 '이러한 것도 아니고 그러한 것도 아니다'(neti neti)라는 진술에 잘 드러난다. 브라흐만은 도무지 경험적 영역에서 언어를 통해 '이러한 것이고 그러한 것이다'로 표현될 수 없다는 뜻이다. 이러한 연관에서 'neti neti'는 브라흐만에 대한 최종적인 진술이다.

**avāṁmanasagocaram** : 언어와 사유의 영역 밖에 있고

《따잇띠리야 우빠니샤드》 2.4와 2.9에 "언어가 마음과 함께 이르지 못하여 그것으로부터 돌아서고 만다. [그] 브라흐만의 환희를 아는 자는 아무것도 두려워하지 않는다"라는 문구가 있다. 《까타 우빠니샤드》(Kaṭha-upaniṣad) 6.12에서도 언어와 마음으로는 브라흐만에 이를(획득될) 수 없음을 말한다. 브라흐만은 언어와 사유의 영역 밖에 있는 것이다.

직역하여 '방목장'(소의 목초지)을 가리키는 'gocara'는, '지대·구역·시계' 등의 의미를 파생시켜, 감관(感官) 등과 같은 것의 '영역·범위'를 뜻하는 경우로 많이 쓰인다.

**ātman** : 아뜨만

아드와이따 베단따에서 궁극적 영혼을 뜻하는 아뜨만은, 가변적이고 무상한 육체, 마음, 자아관념, 지성 등과는 달리 영원불변하는 실재

(실체)이다. 개별적 아뜨만(jīvātman)이 윤회의 주체인 것과는 달리, 아뜨만은 그러한 윤회로부터 전혀 영향을 받지 않는다. 그리고 아뜨만은 지식주체(jñātṛ)・향유주체(bhoktṛ)・행위주체(kartṛ)인 개별적 아뜨만의 배후에 존재하는 것으로, 관조자・관찰자(sākṣin)이며 궁극적 아뜨만(paramātman)이라고 불리기도 한다. 아뜨만의 본질은 영원(nitya)・순수(śuddha)・이지(buddha)・자유(mukta)・존재(satya)이다(본문 20.4, 28.2).

■ 해 설 ■

인도에서 철학이나 종교 서적의 첫 시구는 일반적으로 특정한 신 또는 성자에게 귀의하는 내용으로 이루어진다. 이를 '길상의 기원'(maṅgalācaraṇa)이라고 부른다. 그런데 대부분의 저자들이 어떤 특정한 신에게 귀의하는 것과는 달리, 이 책의 저자는 아뜨만에 귀의한다. 이 대목은 바로 아드와이따 베단따에서 가장 중요한 주제가 아뜨만이라는 사실을 일러 준다. 신은 무지(avidyā)의 영역에 속하지만, 아뜨만은 지식(vidyā)의 영역에 속한다.

## 2. 스승에 대한 경배

**2.1** 이원성의 관념을 초월함으로써 [그 존함이] 실제로도 아드와야난다이신 스승을 경배한 뒤, [나의] 이해에 따라 베단따의 정수를 나는 설명할 것이다.

arthato 'py advayānandān atītadvaitabhānataḥ |
gurūn ārādhya vedāntasāraṃ vakṣye yathāmati || 2.1 ||

**▒ 주 석 ▒**

**advayānanda : 아드와야난다**

직역하면 '비-이원성과 환희'(advaya-ānanda)이다. 저자의 스승은 아드와이따(비-이원적) 베단따의 계승자로서 이원성(dvaita)의 관념을 초월(atīta)한 사람일 뿐만 아니라, 실제 존함도 '아드와야난다'이다. 이러한 맥락에서 아드와야난다는 '이원성을 초월하고 환희에 머무르는 사람'이라는 뜻이다.

아드와이따 베단따 전통에서 중요한 우빠니샤드 가운데 하나인 《브르하다란야까 우빠니샤드》(Bṛhadāraṇyaka-upaniṣad) 4.5.15에서는 이원성(dvaita, dvaya)이 있는 경우와 '이원성이 없는'(a-dvaita, a-dvaya) 경우의 차이를 극명하게 보여 준다. "왜냐하면, 이른바 이원성이 있을 경우에, 그러면 하나가 다른 하나를 보고, 하나가 다른 하나를 냄새 맡고, 하나가 다른 하나를 맛보고, 하나가 다른 하나를 말하고, 하나가 다른 하나를 듣고, 하나가 다른 하나를 생각하고, 하나가 다른 하나를 감촉하고, 하나가 다른 하나를 안다. 하지만 모든 것이 오직 '그의 아뜨만'이 되어버릴 경우에, 그러면 무엇이 무엇을 보아야 하는가, 무엇이 무엇을 냄새 맡아야 하는가, 무엇이 무엇을 맛보아야 하는가, 무엇이 무엇을 말해야 하는가, 무엇이 무엇을 들어야 하는가, 무엇이 무엇을 생각해야 하는가, 무엇이 무엇을 감촉해야 하는가, 무엇이 무엇을 알아야 하는가? 그것에 따라 이 모든 것을 알게 되는 [바로] 그것을, 무엇에 따라 알아야 하는가? 그것은 '이러한 것도 아니고 그러한 것도 아닌' 아뜨만이다."

**guru : 스승**

정신적, 영적 교사를 구루라고 일컫는다. 'gu'라는 말은 '암흑'(andhakāra)

을 뜻하고, 'ru'라는 말은 '소멸시키는 자'(nirodhaka)라고 풀이되기도 해서, '무지의 어둠을 빛으로 몰아내는 사람'이라는 뜻을 가진다고 한다.

인도의 철학이나 종교에서는 스승을 신처럼 숭배하며, 스승의 은총 없이는 깨달음이 불가능하다는 것을 자주 강조한다. 아드와이따 베단따에서 구루는, '베다에 정통하고 브라흐만에 몰두'(본문 5.1)해 있으며, '지고한 자비를 통해'(5.2) 브라흐만에 대한 지식을 전하는 사람이다.

vedānta : 베단따

베단따는 인도의 최고 성전인 '베다'(veda)에 '끝'(anta)이라는 말이 결합된 단어이다. 따라서 베단따는 일차적으로 '베다의 끝부분'인 우빠니샤드를 뜻하며, 이차적으로 '베다의 결론'을 의미한다. 베다는 흔히 연대적 순서에 따라 네 부분으로 나뉘는데, '상히따'(Saṃhitā), '브라흐마나'(Brāhmaṇa), '아란야까'(Āraṇyaka), '우빠니샤드'(Upaniṣad)가 그것들이다. 우빠니샤드 또는 베단따는 이러한 베다의 맨 끝부분인 셈이며, 그렇기 때문에 베다의 결론을 담고 있다고 말한다.

일반적으로 베단따는 (1) 우빠니샤드 사상을 해석하고 해명하는 한 무리 철학 학파들을 총칭하는 용어이다. 이 경우에 베단따와 베단따가 아닌 것을 가르는 기준은 브라흐만을 최고의 실재로 여기느냐 그렇지 않느냐에 따른다. 또 한편으로, 베단따는 (2) 여러 베단따 학파들 가운데서 아드와이따 베단따 또는 비-이원적 베단따 학파만을 가리키기도 한다. 다른 베단따 학파들은 유신론적인 비슈누 교파 철학으로 분류될 수 있기 때문이다. 하지만 무엇보다 중요한 사실은 베단따라는 용어가 (3) 우빠니샤드(특히 고전 우빠니샤드)와 동의어라는 것이다. 이와 같이 베단따라는 용어는 세 가지 다른 의미로 쓰인다. 결론적으로 말해서, 베단따는 '우빠니샤드의 사상'과 '그것에 기원을 두거나 그것의 권위를 인정하는 베단따 학파들의 사상'에 관한 부분적 또는 전체적 명칭이다.

■ 해 설 ■

철학서에서는, 도입 부분(본문 1.1)에서 귀의의 궁극적 대상에 대한 찬양과 그 대상에 대한 귀의를 말하고, 그 다음 부분에서 스승에 대한 경배를 표현하는 것이 일반적인 관례이다.

## 3. 베단따와 예비관련항

**3.1** 베단따라는 것은 우빠니샤드에 권위를 두며, 또한 그것(우빠니샤드)에 보조적인 샤리라까 수뜨라 등에도 [권위를 둔다].

vedānto nāmopaniṣatpramāṇaṃ tadupakārīṇi śārīrakasūtrādīni ca ‖ 3.1 ‖

■ 주 석 ■

upaniṣad: 우빠니샤드

어원적으로 'upaniṣad'는 '가까이에'(upa), '내려'(ni), '앉다'(sad)로 이루어진다. 따라서 '제자들이 스승의 가르침을 듣기 위해서 스승의 가까이에 내려앉은 모임이나 집회'를 뜻한다. 동사 어근 √sad의 다른 의미인 '제거되다' 등을 강조하여, 'upaniṣad'라는 용어에 '무지를 제거하고 실재에 대한 지식을 드러낸다'는 뜻이 있다고 해석하기도 한다.

인도사상의 무궁한 원천인 우빠니샤드는 아드와이따 베단따에서 계시서(śruti)로서 기능한다. 넓은 의미에서는 우빠니샤드를 포함한 베다가 계시서이지만, 아드와이따 베단따에서는 우빠니샤드만을 좁은 의미의 계시서로 보는 것이 일반적이다. 계시서는 '다른 것에 의존하지 않고 그 자체로 권위를 가지는 것'을 뜻한다. 계시서와 대척점에 놓인 것이 전승서(smṛti)이다. 계시서로서 베다 또는 우빠니샤드를 제외한 대부분의 저작들이 전승서이며, 아드와이따 베단따에서는 《바가와드 기따》(Bhagavad-gītā), 《브라흐마 수뜨라》 등이 주요 전승서이다. 전승서는 '그 자체로 권위를 가지지 못하고 계시서에 의존해서만 권위를 가지는 것'을 뜻한다. 지식수단(pramāṇa)으로서 권위와 관련해서 계시서와 전승서를 구분할 경우, 계시서는 그 자체로 타당한 지식수단이고 전승서는 계시서와 부합할 경우에만 타당한 지식수단이다.

전통적으로 전해지는 바에 따르면, 베다는 히말라야 설산을 덮고 있는 눈더미에 비유된다. 우빠니샤드는 그 눈더미가 녹아서 만든 여러 줄기 개천들에 비유된다. 그리고 《바가와드 기따》는 그 개천들이 모여서 만든 산정호수에 비유된다. 이러한 비유는 흔히 《바가와드 기따》가 힌두사상의 정수라는 점을 강조하기 위해서이다. 이 점은 《바가와드 기따》가 그 사상의 깊이와는 별도로 그 이전의 사상들을 종합했다는 견지에서 따져볼 때 어느 정도 수긍할 수 있다. 우빠니샤드들의 경우에는 그것들이 여러 줄기 개천들에 비유되듯이, 인도사상의 진정한 원천으로서 후대 인도사상의 다양한 철학적 질료를 제공한 것이 사실이다.

pramāṇa: 권위, 지식수단

'권위 있는 논거·증거'라는 의미로서, 지식과 관계해서는 지식을 얻는 지식수단(인식수단)을 가리킨다. 지식수단으로 말미암아 '지식대상'

(prameya)에 대한 '지식'(pramā)이 생긴다.

인도철학의 각 학파는 최소 한 가지에서 최대 열 가지 지식수단을 옹호한다. 예컨대, 유물론을 옹호하는 짜르와까(Cārvāka) 학파는 지각(pratyakṣa) 한 가지만을, 불교는 지각과 추론(anumāna)이라는 두 가지를, 딴뜨라 철학에서는 열 가지를 타당한 지식수단으로 여긴다. 아드와이따 베단따는 여섯 가지를 인정하는데, 그것들은 (1) 지각, (2) 추론, (3) 유비(upamāna), (4) 성언(聖言, śabda, āgama), (5) 추정(arthāpatti), (6) 비-지각(anupalabdhi) 또는 부존(abhāva)이다. 이와 같은 지식수단은 각각의 영역에서 기능하기 때문에 결코 상충하지 않는다고 한다.

우빠니샤드는 이러한 여섯 가지 가운데서 성언에 다름 아니며, 이 성언은 '초감각적인 것'(atīndriya-artha)인 브라흐만에 대한 지식을 제공한다. 그러므로 우빠니샤드(성언)는, 실재에 대한 인식(지식)이 관계하는 한, 모든 지식수단들 가운데서 최고의 지식수단인 셈이다. 하지만 브라흐만에 대한 지식이 '직접적 지각'의 형태를 띤 직접적 이해(anubhava), 직접적 지식(sākṣātkāra)이라는 사실도 매우 중요하다.

**śārīrakasūtra: 샤리라까 수뜨라**

《웃따라 미맘사 수뜨라》(Uttara-mīmāṃsā-sūtra), 《베단따 수뜨라》(Vedānta-sūtra)라고도 불리지만, 가장 널리 알려진 이름은 《브라흐마 수뜨라》이다. '샤리라까 수뜨라'라는 명칭은 '육화된 영혼'(śārīraka)의 본질을 확정하고 밝히는 수뜨라(sūtra)라는 뜻이다. 아드와이따 베단따의 소의경전인 《브라흐마 수뜨라》는 기원전 2, 3세기부터 서서히 형성되기 시작하여 기원후 4, 5세기 무렵에 현재 모습으로 완성된 것이라고 추정된다. 전통적으로 저자는 바다라야나(Bādarāyaṇa)로 알려져 있다. 최고의 주석가인 샹까라의 주석을 비롯하여 수많은 주석과 복주

석이 전한다. 사실 베단따 학파가 다양하게 갈라져 나온 것은, 《브라흐마 수뜨라》라는 학파 전체의 소의경전에 대해 비-이원론(advaita), 한정 비-이원론(viśiṣṭa-advaita), 이원론(dvaita) 등의 형태를 취한 다양한 철학적 해석이 가능했기 때문이다.

《샤리라까 수뜨라》 즉 《브라흐마 수뜨라》와 《바가와드 기따》는 최고의 권위를 가진 우빠니샤드들과 함께 베단따 학파의 '3대 원서'(三大原書, prasthāna-trayī)를 이룬다. 다시 말해서 이 3대 원서는 베단따 학파의 사상적 원류인 동시에 사상 전개의 바탕이 되고 있다.

▮ 해 설 ▮

'베단따'라는 이름을 가진 학파들은 모두 우빠니샤드를 최고의 지식수단으로 여긴다. 물론 아드와이따 베단따에서 차지하는 우빠니샤드의 위상과 여러 유신론적 베단따 학파들(비슈누 교파 철학들)에서 차지하는 우빠니샤드의 그것은 다르다. 후자에서는 우빠니샤드가 명목상의 권위만 가지고 《바가와드 기따》가 실질적 권위를 가지는 경우조차 있는 반면에, 전자에서는 우빠니샤드가 계시서로서 절대적인 권위를 가진다. 사실 아드와이따 베단따는 우빠니샤드 사상에 대한 체계적 해석에 다름 아니다. 그리고 《샤리라까 수뜨라》 등의 전승서는 우빠니샤드의 사상을 해명하는 데 보조적인 수단이다. 계시서와 전승서라는 논리에 따라, 우빠니샤드는 그 자체로 권위를 가지나, 《샤리라까 수뜨라》 등은 우빠니샤드의 사상과 부합하는 경우에만 권위를 가진다.

**3.2** 이 [저작은] 베단따의 소론임으로 말미암아, 바로 그것(베단따)에 속하는 예비관련항들을 통해 [이 저작 또한 예비

관련항들을] 담고 있다는 것이 증명되기 때문에, 그것들 (예비관련항들)은 [이곳에서] 따로 고려될 필요가 없다.

asya vedāntaprakaraṇatvāt tadīyair evānubandhais tadvattāsiddher na te pṛthag ālocanīyāḥ ‖ 3.2 ‖

▌주 석▐

prakaraṇa: 소론(小論)

일반적으로 'prakaraṇa'는 논서에서 특정한 주제를 다루는 장이나 절을 뜻한다. 이 경우에는 특정한 사상체계 전체를 간명하게 요약해서 다루는 소론(개론서, 입문서)을 가리킨다. 아드와이따 베단따의 또 다른 소론에 《빤짜다쉬》(Pañcadaśī), 《베단따 빠리바샤》 등이 있다.

anubandha: 예비관련항

어떤 논서나 교서에 대한 강독을 시작하기 전에 강독하고자 하는 사람은 저작과 관련된 예비적 질문들을 던진다. 그러한 질문들에 대해 답변하는 것을 예비관련항이라고 부른다. 네 가지 예비관련항들은 본문 3.3에 나열되어 있다.

▌해 설▐

《베단따 사라》라는 이 책은 아드와이따 베단따의 전통에 속하는 소론이다. 바로 이러한 까닭에 이 책도 아드와이따 베단따 전통에서 말하는 예비관련항들을 암묵적으로 담고 있다는 사실이 증명된다. 따라서 《베단따 사라》와 같은 소론에서 굳이 예비관련항들을 따로 설명할 필요는 없다. 그럼에도 저자는 본문 3.3에서부터 그것들을 나열하고 또 상설한다.

**3.3** 이러한 가운데 예비관련항이라는 것은 자격자 · 주제 · 연관 · 목적이다.

tatrānubandho nāmādhikāriviṣayasambandhaprayojanāni ‖ 3.3 ‖

▌주 석▌

adhikārin: 자격자(資格者)

'특정한 저작을 학습하기 위해 어떤 자격이 요구되는가?'라는 질문에 대하여 그 자격요건을 갖춘 사람을 말한다. 본문 4.1부터 4.21까지 상세히 설명한다.

viṣaya: 주제

'특정한 저작의 주제는 무엇인가?'라는 질문에 대하여 그 주제를 확실히 알아야 함을 말한다. 본문 4.22에서 상세히 설명한다.

sambandha: 연관

'특정한 저작과 주제 사이의 연관은 무엇인가?'라는 질문에 대하여 그 연관을 파악하고 있어야 함을 말한다. 본문 4.23에서 상세히 설명한다.

prayojana: 목적

'특정한 저작을 학습하려는 목적(동기)은 무엇인가?'라는 질문에 대하여 그 목적을 분명히 해야 함을 말한다. 본문 4.24에서 상세히 설명한다.

▌해 설▌

네 가지 예비관련항들을 따로 나열하고 상설할 필요가 없는데도 저자가 그렇게 하는 것은, 이 책이 아드와이따 베단따에서 입문서(개론서) 구실을 하기 때문이다. 달리 말해, 입문자들은 주요 저작들을 읽지 않았을 가능성이 많기 때문에 그들의 편의를 위하여 예비관련항들을 정리해서 말할 필요가 있다는 것이다.

자격자 · 주제 · 연관 · 목적이라는 네 가지 예비관련항들은 아드와이따 베단따에서 말하는 원전 강독의 선행조건들이다. 이것들을 갖추지 못했다면 강독을 시작해서는 안 된다.

## 4. 예비관련항들

**4.1** 한편 자격자는, 규정에 따라 베다와 베다보조학을 학습함으로써 개략적으로 모든 베다의 의미를 이해하고, 이 생애에서 또는 다른(지난) 생애에서 선택행위와 금지행위를 삼가는 것을 앞세워 정기행위 · 부정기행위 · 정화행위 · 신앙명상을 실행함으로써 모든 죄들이 사라지는 것을 통해 마음이 매우 순수하며, 네 종류의 성취수단을 겸비한, 올바른 지식을 가진 자이다.

adhikārī tu vidhivadadhītavedavedāṅgatvenāpātato 'dhigatākhilavedārtho 'smin janmani janmāntare vā kāmyaniṣiddhavarjanapuraḥsaraṃ nityanaimittikaprāyaścittopāsanānuṣṭhānena nirgatanikhilakalmaṣatayā nitāntanirmalasvāntaḥ sādhanacatuṣṭayasampannaḥ pramātā ‖ 4.1 ‖

▌주 석▌

vidhivad: 규정에 따라

규정이란 적합한 구루(스승)의 지도 아래에서 학생(제자)으로서 서약을

지키는 것 따위를 말한다.

vedāṅga: 베다보조학

베다보조학이란 베다를 해명하는 데 보조적인 구실을 하는 학문들을 말하며, 여섯 가지로 분류된다. 그 여섯 가지는 (1) 발성학(śikṣā), (2) 운율학(chandas), (3) 문법학(vyākaraṇa), (4) 어원학(nirukta), (5) 점성학(jyotiṣa), (6) 제의학(kalpa)이다.

sādhanacatuṣṭaya: 네 종류의 성취수단

네 종류의 성취수단(sādhana)은 본문 4.10에 다시 언급된다. 일반적으로 'sādhana'는 해탈을 궁극적 목적으로 하는 모든 성취수단들을 가리킨다.

pramātā: 올바른 지식을 가진 자

'올바르고 진실한 관념이나 지식'(pramā)을 '가진 자'(tṛ)라고 풀이한다. 올바른 지식을 탐구하고자 하는 사람이며, 해탈을 향한 진실한 뜻을 품은 사람이다.

▮ 해 설 ▮

자격자(adhikārin)라는 것은, 규정에 따라 학생(brahmacarya)의 본분을 지키면서 베다와 베다보조학을 학습했기 때문에, 모든 베다의 개략적 의미를 이해한 자이다. 자격자가 베다의 온전한 의미를 이해한 경우에는 더 이상 학습이 필요 없게 되므로, 베다의 개략적 의미만을 이해한다고 말해야 한다. 또한 자격자라는 것은, 이 생애에서나 지난 생애에서 배덕행위(adharma)를 지양하고 공덕행위(dharma)를 지향함으로써 모든 죄의 소멸을 통해 마음의 정화를 얻은 자이다. 게다가 그는 네 종류의 성취수단을 갖추고 있는 자이다. 결국 자격자는 이러한 모든 것에 대해 올바른 지식을 가지고 그 지식을 실제로 이행하는 자이다.

**4.2** 선택행위들은 '천국 등의 원하는 것'을 일으키는 것들로서 즈요띠슈또마 등이다.

kāmyāni svargādīṣṭasādhanāni jyotiṣṭomādīni ‖ 4.2 ‖

**주 석**

kāmya: 선택행위

보상에 대한 욕망에 따라 행하는 것들이다. 천국 등과 같은 '원하는 것'을 얻기 위해 선택적으로 하는 행위이다.

jyotiṣṭoma: 즈요띠슈또마

직역하면 '불의 찬가'이며, 아그니슈또마(agniṣṭoma) 제의라고 불리기도 한다. 즈요띠슈또마 제의는 대개 5일 동안 행해지고, 5일째에 실시되는 가장 중요한 소마(soma) 제의의 본보기로 기능한다. 천국에 가고자 하는 욕망 등을 이 제의를 통해서 기원한다.

**해 설**

선택행위는 천국 등과 같은 욕망과 희원의 대상을 얻기 위해 실행된다. 즈요띠슈또마 제의가 대표적인 선택행위이다.

**4.3** 금지행위들은 '지옥 등의 원하지 않는 것'을 일으키는 것들로서 브라흐마나를 살해하는 것 등이다.

niṣiddhāni narakādyaniṣṭasādhanāni brāhmaṇahananādīni ॥ 4.3 ॥

▮ 주 석 ▮

niṣiddha: 금지행위

지옥 등과 같이 '원하지 않는 것'을 불러오는 행위이다.

▮ 해 설 ▮

금지행위는 그것을 실행했을 때 지옥 등과 같은 회피의 대상을 얻게 되는 행위이다. 브라흐마나(최상위의 계급)와 같은 고귀한 신분의 사람을 살해하는 것 등이 대표적인 금지행위이다.

**4.4** 정기행위들은 실행하지 않을 경우에 화근을 만드는 것들로서 산드야완다나 등이다.

nityāny akaraṇe pratyavāyasādhanāni sandhyāvandanādīni ॥ 4.4 ॥

▮ 주 석 ▮

nitya: 정기(定期)행위

매일같이 늘 실행해야 하는 행위이다. 정기행위를 실행함으로써 공덕이 쌓인다고 하는 관점도 있고, 실행함으로써 공덕이 쌓이지는 않지만 실행하지 않으면 화근을 만든다는 관점도 있다. 아드와이따 베단따에서는 대개 후자의 태도를 견지한다.

**sandhyāvandana**: 산드야완다나
'여명·황혼'(sandhyā)과 '예배'(vandana)가 결합된 용어이다. 슈드라를 빼고 상위 세 바르나(varṇa, 카스트)에 속한 사람들이 아침·정오·저녁에 목욕을 하고 예배를 드리는 것을 일컫는다. 예배를 드릴 때는 베다의 특정한 구절을 암송한다.

▮ 해 설 ▮

정기행위란 실행하는 경우에 아무런 공덕도 쌓이지 않지만, 실행하지 않는 경우에 화근을 만드는 행위들이다. 산드야완다나가 대표적인 정기행위이다.

**4.5** 부정기행위들은 아들의 출생 등에 따르는 것들로서 자떼슈띠 등이다.

naimittikāni putrajanmādyanubandhīni jāteṣṭyādīni ‖ 4.5 ‖

▮ 주 석 ▮

**naimittika**: 부정기(不定期)행위
늘 행해야 하는 정기행위와는 달리 특별한 경우에만 부정기적으로 행해진다. 정기행위와 부정기행위는 세속인에게는 의무적인 행위들이다.

**jāteṣṭi**: 자떼슈띠
힌두교의 중요한 종교적 성사 열여섯 개 가운데 하나로서, 자식이 태어난 직후에 곧바로 아버지가 행하는 의식이다.

▮ 해 설 ▮

부정기행위는 아들이 출생한 경우에 아버지가 준수하는 의식처럼 특별한 경우에만 실행된다. 자떼슈띠가 대표적인 부정기행위이다.

**4.6** 정화행위들은 죄악의 소멸을 일으키는 것들로서 짠드라야나 등이다.

prāyaścittāni pāpakṣayasādhanāni cāndrāyaṇādīni ‖ 4.6 ‖

▮ 주 석 ▮

prāyaścitta: 정화행위

자신도 모르는 사이에 저지른 배덕행위(adharma)에 대한 정화를 목적으로 한다. 대부분 고행의 형태로 나타난다.

cāndrāyaṇa: 짠드라야나

그믐달이 뜰 때 매일 음식량을 줄여가면서 고행을 하는 것을 말한다. 주로 숲속의 오두막에서 여러 가지 형태의 죄를 씻기 위해 실행한다.

▮ 해 설 ▮

정화행위는 알게 모르게 저지른 여러 종류의 죄악 또는 배덕행위를 정화하기 위해 실행된다. 짠드라야나가 대표적인 정화행위이다.

**4.7** 신앙명상들은 유-속성 브라흐만을 대상으로 하는 마음작용의 형태들로서 산딜르야-비드야 등이다.

upāsanāni saguṇabrahmaviṣayamānasavyāpārarūpāṇi śāṇḍilyavidyādīni ‖ 4.7 ‖

▌주 석▐

upāsana: 신앙명상

기본적으로 'A를 B로 생각'하는 것과 같이, 대응・일치의 논리를 통해 어떤 것을 다른 것으로 치환하여 집중적으로 명상하는 것을 '우빠사나'라고 한다. 곧 문헌에 제시된 특정한 대상에 대하여 외부적 관념(생각)의 방해 없이 마음의 유사한 변형들을 지속적으로 확립하는 것을 이른다[《찬도그야 우빠니샤드 주석》(Chāndogya-upaniṣad-bhāṣya) 서론]. 이성적인 단계를 생략한 신앙적, 신념적 명상으로서 대상에 대한 절대적인 의식의 집중(본문 4.8)을 요구한다.

신앙명상은 브라흐마나 문헌의 행위(karma)와 우빠니샤드 문헌의 지식(jñāna) 사이에 중간 단계로 위치한다. 그럼에도 우빠니샤드들에 나오는 비드야(vidyā)들은 신앙명상을 주요 내용으로 한다. 그래서 우빠사나로서 신앙명상은 비드야로서 지식명상과 유의적이라고 할 수 있다. 한편 샹까라는 《브라흐마 수뜨라 주석》(Brahma-sūtra-bhāṣya) 1.1.12에서 브라흐만에 대한 신앙명상이 어떤 목적을 가지는지에 관해 말한다. 그 목적들은 세속적 번영, 점진적 해탈, 종교적 행위의 극대화이다.

saguṇabrahman: 유-속성(有屬性) 브라흐만

아드와이따 베단따에서 최고 실재인 브라흐만은 상위 브라흐만(para-Brahman)과 하위 브라흐만(apara-Brahman)으로 나뉜다. 전자는 무-속성 브라흐만(nirguṇa-Brahman)이고 후자는 유-속성 브라흐만(saguṇa-Brahman)이다. 유-속성 브라흐만은 속성을 가지기에 명상의 대상이

될 수 있지만, 무-속성 브라흐만은 속성이 없는 순수 브라흐만(śuddha-Brahman)이기에 명상의 대상이 될 수 없다.

**śāṇḍilyavidyā**: 샨딜르야-비드야

《찬도그야 우빠니샤드》(Chāndogya-upaniṣad) 3장 14절을 일컫는 명칭이다. 그곳에서 성자 샨딜르야는 브라흐만(아뜨만)의 여러 속성들을 말하면서 브라흐만에 대한 명상을 강조한다.

▮ 해 설 ▮

신앙명상은 무-속성 브라흐만이 아닌 유-속성 브라흐만을 대상으로 한다. 신앙명상은 앞서 말한 여러 외부적 행위들과는 달리 내면적, 심리적 행위이므로 '마음작용'(mānasavyāpāra)의 형태이다. 샨딜르야-비드야가 대표적인 신앙명상이다.

**4.8** 이 가운데 정기행위 등에서는 생각(관념)의 정화가, 그와 달리 신앙명상들에서는 의식의 집중이, [각각] 최상의 목적이다 – "베다 낭송과 제의를 통해 브라흐마나들은 이러한 그 아뜨만을 알고자 한다"(브르-우 4.4.22)라는 등의 계시서 때문이고, 또한 "고행을 통해 그는 죄를 소멸시킨다"(마누 12.104)라는 등의 전승서 때문이다.

eteṣāṃ nityādīnāṃ buddhiśuddhiḥ paraṃ prayojanam upāsanānāṃ tu cittaikāgryaṃ "tam etam ātmānaṃ vedānuvacanena brāhmaṇā vividiṣanti yajñena" ityādiśruteḥ "tapasā kalmaṣaṃ hanti" ityādismṛteś ca ‖4.8‖

▮ 주 석 ▮

**śruti, smṛti: 계시서, 전승서**

'계시서 때문'(śruteḥ)과 '전승서 때문'(smṛteḥ)이라는 표현은 전형적인 논증의 방식이다. 계시서로부터 비롯된 논증은, 계시서가 성언(śabda)이라는 절대적인 지식수단인 한, 어떤 이의도 제기될 수 없을 만큼 타당성이 보장된다. 그리고 전승서로부터 비롯된 논증은, 계시서와 부합하는 범위 안에서 계시서의 논증을 더욱 강력하게 지지하는 차원에서 타당성이 보장된다.

▮ 해 설 ▮

외부적 행위들인 정기행위 등은 생각이나 관념의 정화를 최상의 목적으로 삼고, 내부적 행위인 신앙명상은 '의식의 집중'(cittaikāgrya)을 최상의 목적으로 삼는다. 본문에 인용된 계시서와 전승서의 문구 모두 전자에 대한 예증을 보여 준다. 곧 베다 낭송과 제의는 선택행위·정기행위·부정기행위를, 고행은 정화행위를 말함에 다름 아니다.

아드와이따 베단따는 외부적, 내부적 행위들이 궁극적 목적인 해탈에 필요하다는 것을 어느 정도 용인한다. 하지만 그러한 것들은 해탈의 직접적 수단인 지식을 산출하기 위한 선행조건들에 지나지 않는다. 여러 행위들이나 신앙명상은 지식의 수단들이고, 지식은 해탈의 수단인 셈이다.

**4.9** 한편, '정기행위·부정기행위·정화행위'와 '신앙명상'의 부차적 결과는 [각각] 조상세계와 진리세계에 도달함이다 ― "행위를 통해 조상세계가, 지식명상을 통해 신격세계

가 [얻어진다]"(브르-우 1.5.16)라는 등의 계시서 때문이다.

nityanaimittikaprāyaścittopāsanānāṃ tv avāntaraphalaṃ pitṛloka-satyalokaprāptiḥ "karmaṇā pitṛloko vidyayā devalokaḥ" ityādiśruteḥ ‖ 4.9 ‖

▌주 석▐

pitṛloka: 조상세계

우빠니샤드의 사후세계에 관한 이론은 이른바 5화2도설(五火二道說)이라고 알려져 있다. 5화는 사후세계에 영혼이 겪게 되는 다섯 가지 변형과정을, 2도는 사후세계에 영혼이 가게 되는 두 가지 도정을 말한다. 2도는 조도(祖道)와 신도(神道)이다. 조도에 해당되는 것이 바로 조상세계이다. 일곱 개 천상세계 가운데서 조상세계는 가장 아래에 있고, 진리세계(브라흐만세계)는 가장 위에 있다.

satyaloka, devaloka: 진리세계, 신격세계

2도 가운데서 신도에 해당되는 것으로서, 직역하면 진리세계를 이르지만 브라흐만세계(brahmaloka)와 같은 것이다. 본문의 인용 문구에 나오는 'devaloka', 즉 신격세계 또한 브라흐만세계의 다른 명칭이다.

참고로 브라흐만세계에서 '브라흐만'은 힌두의 3대 신(Brahmā, Viṣṇu, Śiva) 가운데 하나인 '브라흐마'를 가리키고, 아드와이따 베단따 철학에서 말하는 '브라흐만'은 유일무이한 실재·실체를 가리킨다. 그렇지만 우빠니샤드 등의 고대 문헌에서는 브라흐마 신과 브라흐만이라는 실재가 명확하게 구분되지 않은 채 쓰이는 경우가 많다.

■ 해 설 ■

정기행위 등을 통해서는 조상세계에, 지식명상을 통해서는 더 고원한 진리(브라흐만)세계에 이른다. 행위에 대한 지식명상(신앙명상)의 우위를 말하고 있다. 하지만 아드와이따 베단따의 관점에서, 실재인 브라흐만이 되기 위해서는 행위도 명상(지식명상·신앙명상)도 아닌 '지식'만이 필요할 뿐이다. 행위나 명상은 지식을 얻기 위한 수단이요, 지식은 '브라흐만 상태'(해탈)를 얻기 위한 수단이다.

**4.10** 성취수단들은 영원한 것과 무상한 것의 분별, 현세와 내세에서 대상(일)의 결과를 향유하려는 것에 대한 무욕, 마음억제(평정) 등 여섯 가지의 구현, 해탈의 갈구이다.

sādhanāni nityānityavastuvivekehāmutrārthaphalabhogavirāgaśa-mādiṣaṭkasampattimumukṣutvāni ‖ 4.10 ‖

■ 해 설 ■

네 종류의 성취수단들은 (1) 영원한 것과 무상한 것의 분별, (2) 현세와 내세에서 대상(일)의 결과, 즉 응보를 향유하려는 것에 대한 무욕, (3) 마음억제(śama), 감관철회(dama), 감관정지 또는 행위폐기(uparati), 인내(titikṣā), 집중(samādhāna), 믿음(śraddhā)이라는 여섯 가지 수행의 구현, (4) 해탈의 갈구이다.

**4.11** 먼저 영원한 것과 무상한 것의 분별이란, '오직 브라흐만만이 영원한 실재이고, 그것과 다른 모든 것은 무상하

다'라는 분별이다.

nityānityavastuvivekas tāvad brahmaiva nityaṃ vastu tato 'nyad akhilam anityam iti vivecanam ‖ 4.11 ‖

▮주 석▮

viveka: 분별

이 용어는 지식을 해탈의 수단으로 인정하는 인도철학 학파들에서, 무엇보다 아드와이따 베단따에서 매우 중요하다. '실재'와 '실재라고 잘못 알고 있는 것' 또는 브라흐만과 세계 또는 아뜨만과 비-아뜨만 사이의 차이(bheda)를 분별해서 아는 분별적 지식(viveka-jñāna)은, 아드와이따 베단따에서 해탈을 구현하기 위한 직접적인 수단이다. 네 종류의 성취수단 가운데서 분별이 가장 먼저 언급된 것도 이러한 맥락에서이다. 본문에서 '영원한 것'은 브라흐만 또는 아뜨만이며, '무상한 것'은 세계 또는 비-아뜨만이다.

▮해 설▮

대우주적 관점에서 영원한 것은 브라흐만으로서 실재이고, 브라흐만과 다른 모든 것(복합현상계)은 실재가 아니므로 무상하다. 이러한 대우주적 관점을 소우주인 인간에 적용한다면, 영원한 것은 아뜨만으로서 실재이고, 아뜨만과 다른 모든 것(신체, 마음 등등)은 실재가 아니므로 무상하다. 바로 이와 같음을 아는 것이 분별이다.

**4.12** 이 세상에서 화환・향수・여자 등의 대상들에 대한 향유들이 행위의 산물로서 무상한 것이듯이, 마찬가지로 다

음 세상에서 신의 음료 등의 대상들에 대한 향유들도 무상한 것이다 – 그것들로부터 완전히 무관심한 것이, 현세와 내세에서 대상(일)의 결과를 향유하려는 것에 대한 무욕이다.

aihikānāṃ srakcandanavanitādiviṣayabhogānāṃ karmajanyatayānityatvavad āmuṣmikāṇām apy amṛtādiviṣayabhogānām anityatayā tebhyo nitarāṃ viratir ihāmutrārthaphalabhogavirāgaḥ ‖ 4.12 ‖

▮ 주 석 ▮

amṛta: 신의 음료

신의 음료를 음미(향유)하는 것은 영원한 해탈과는 다르다. 신의 음료란 천국에 거주하는 것을 뜻하며, 천국에 거주하는 것은 재생을 통한 새로운 삶으로 이어지기 때문에 영원이라기보다 무상에 가깝다는 것이 아드와이따 베단따의 관점이다.

▮ 해 설 ▮

현세에서나 내세에서나 대상들에 대한 향유는 대상의 성격만 다를 뿐, 양자가 모두 행위의 결과인 한 무상할 따름이다. 행위의 결과물 즉 행위의 산물이 무상하다는 것은 인도철학에서 일반적으로 받아들이는 논증이다. 그러므로 이러한 대상들의 결과를 향유하려는 것에 대한 절대적인 무욕의 상태야말로 필수적인 성취수단이다.

**4.13** 한편, 마음억제(평정) 등은 마음억제, 감관철회, 감관정지·행위폐기, 인내, 집중, 믿음이라고 알려진다.

śamādayas tu śamadamoparatititikṣāsamādhānaśraddhākhyāḥ ‖ 4.13 ‖

**4.14** 먼저 마음억제(평정)는 '[성전]듣기' 등과 구별되는 대상들로부터 마음을 억제하는 것이다.

śamas tāvac chravaṇādivyatiriktaviṣayebhyo manaso nigrahaḥ ‖ 4.14 ‖

▮ 주 석 ▮

śravaṇa: 듣기

우빠니샤드에서 제시하는 3단계 학습법이자 수행법은 (1) 듣기(śravaṇa), (2) 숙고하기(manana), (3) 명상하기(nididhyāsana)이다. 듣기란 성전이나 스승으로부터 베단따의 취지를 이해하면서 진리에 대해 직접적으로 듣는 것을, 숙고하기란 들은 진리에 대해 타당성을 생각하는 것을, 명상하기란 진리에 대한 확신을 바탕으로 하여 진리에 몰두하는 것을 뜻한다. 이 3단계는 각각 계시 · 이성 · 자각과 연관된다. 듣기에 대한 정의는 본문 30.2에서 볼 수 있다.

▮ 해 설 ▮

듣기 · 숙고하기 · 명상하기에서 실행되는 대상들은 계시된 것들이기 때문에 마음억제의 대상들이 아니다. 따라서 마음억제 또는 평정은 듣기 등과 구별되는 다른 세속적 대상들로부터 마음의 작용을 억제하여 세속적 기쁨을 삼가는 것이다.

**4.15** 감관철회는 그것(듣기 등)과 구별되는 대상들로부터 외적 감관들을 철회하는 것이다.

damo bāhyendriyāṇāṃ tadvyatiriktaviṣayebhyo nivartanam ‖ 4.15 ‖

■ 해 설 ■

'마음억제'(śama)가 내적인 마음작용의 억제를 뜻한다면, '감관철회'(dama)는 외적인 감관작용의 철회를 뜻한다. 철회된 감관의 작용을 완전히 멈추는 것이 본문 4.16에서 말하는 '감관정지'(uparati)이다.

**4.16** 감관정지·행위폐기는 그것(듣기 등)과 구별되는 대상들로부터 철회된 그것들(감관들)을 멈추는 것이거나, 또는 규정된 행위들을 강령에 따라 버리는 것이다.

nivartitānām eteṣāṃ tadvyatiriktaviṣayebhya uparamaṇam uparatir atha vā vihitānāṃ karmaṇāṃ vidhinā parityāgaḥ ‖ 4.16 ‖

■ 주 석 ■

vidhi: 강령

주로 베다의 브라흐마나 문헌들에 명시된 종교적, 도덕적 성격의 '명령'을 뜻한다. 여기에서는 더 넓은 의미에서 힌두적인 삶의 '강령'을 가리킨다고 할 수 있다. 곧 행위폐기와 관련하여 힌두의 네 가지 '생의 단계'(āśrama)인 (1) '학생기'(學生期, brahmacarya), (2) '가장기'(家長期, gṛhastha), (3) '임간기'(林間期, vanaprastha), (4) '탈속기'(脫俗期, saṃnyāsa) 가운데서 네 번째 단계인 탈속기에 들어가는 것은 힌두의 일반적 강령을 따르는 것이기 때문이다. 탈속기에는 모든 세속적 행위들을 합법적으로 폐기할 수 있다.

■ 해 설 ■

'정지 · 폐기' 등의 뜻을 가진 'uparati'는 두 가지 의미로 해석할 수 있다. 하나는 마음억제 · 감관철회와 연관되는 의미로서 감관정지이고, 다른 하나는 합법적인 방식으로 성전에 규정된 행위들을 폐기하고 세상을 등지는 행위폐기이다.

**4.17** 인내는 추위와 더위 등의 대립이항을 참는 것이다.

titikṣā śītoṣṇādidvandvasahiṣṇutā ‖ 4.17 ‖

■ 주 석 ■

**śītoṣṇādi**: 추위와 더위 등

'등'이 뜻하는 바는 다른 종류의 수많은 대립이항들이다. 예컨대, 기쁨과 고통, 존경과 경멸, 획득과 상실 등 또한 상대적인 이항들이다.

**4.18** 집중은 듣기 등에, 또 그것과 호응하는 대상에, 억제된 마음을 집중하는 것이다.

nigṛhītasya manasaḥ śravaṇādau tadanuguṇaviṣaye ca samādhiḥ samādhānam ‖ 4.18 ‖

■ 주 석 ■

**tadanuguṇaviṣaya**: 그것(듣기 등)과 호응하는 대상

듣기·숙고하기·명상하기와 호응하는 다른 것들을 뜻한다. 그것들은 여러 가지 덕목들을 실행하는 것, 스승에게 봉사하는 것, 논서를 편찬하는 것 등이다.

**▮ 해 설 ▮**

집중이란 늘 억제되어 있는 상태의 마음을 집중(samādhi)하는 것이다. 집중의 대상은 듣기·숙고하기·명상하기이거나 그것들과 호응하는 대상들이다.

**4.19** 믿음은 스승이 가르친 베단따 문구들에 대해 확신하는 것이다.

gurūpadiṣṭavedāntavākyeṣu viśvāsaḥ śraddhā ‖ 4.19 ‖

**▮ 주 석 ▮**

vedāntavākya: 베단따 문구

베단따 문구는 바로 우빠니샤드 문구이다. 베단따 문구는 (1) 브라흐만의 본질을 확정하는 문구(brahma-svarūpa-nirūpaṇa vākya)와 (2) 개별자와 브라흐만의 동일성을 교훈하는 문구(jīvabrahmaikya-upadeśa vākya)로 나뉜다. 전자는 브라흐만에 대한 본질적 정의와 우유적 정의를 말하는 문구들이 해당된다. 후자는 특별히 대문구(mahāvākya)라고 불린다.

**4.20** 해탈의 갈구는 해탈에 대한 욕구이다.

mumukṣutvaṃ mokṣecchā ‖ 4.20 ‖

▌주 석▌

moksa: 해탈

해탈(mokṣa, mukti)은 아드와이따 베단따 사상의 궁극적 목적이다. 샹까라는 그의 저작 전편을 통해 해탈에 대한 다섯 가지 정의를 보여준다. 그것들은 (1) 속박의 소멸/파기(bandhana-nāśa/-nivṛtti), (2) 무지의 파기(avidyā-nivṛtti), (3) 영원한 탈-육화성(aśarīratvam nityam), (4) 브라흐만 상태(Brahma-bhāva), (5) 만물의 아뜨만이 됨(sarvātmatva-prāpta)이다. 이 가운데 (3)의 경우, 탈-육화성(脫肉化性)이라는 것은 '육신'을 폐기하고 벗어나는 것이 아니라 '육신과의 관계'를 폐기하고 벗어나는 것이다. 이상의 다섯 가지는 해탈을 서로 다른 각도에서 정의한 것에 지나지 않으며, 궁극적으로 모두 해탈의 본질을 일관되게 꿰뚫고 있다.

▌해 설▌

해탈을 갈구하는 것이란 곧 해탈에 대해 욕구(욕망)함이다. 이 욕구는 일반적인 욕구들과는 다른 것으로서 해탈에 대한 강렬한 의지를 말한다.

**4.21** 이러한 연관에 있는 올바른 지식을 가진 자가 자격자이다 – "억제하고 철회하고"(브르-우 4.4.23)라는 등의 계시서 때문이다. 더욱이 "마음을 평정하고 감관을 제어한 자에게, 결점을 버리고 [성전에서] 말한 바대로 행동을 하는 자에게, 덕목을 갖추고 [스승에게] 순종하는 자에게, 또한 늘 해탈을 갈구하는 자에게, 이것은 지속적으로 가르쳐져야만 한다"(우빠데샤 16.72)라고 말해진다.

evambhūtaḥ pramātādhikārī "śānto dānta" ityādiśruteḥ ।
uktaṃ ca—
"praśāntacittāya jitendriyāya ca
prahīṇadoṣāya yathoktakāriṇe ।
guṇānvitāyānugatāya sarvadā
pradeyam etat satataṃ mumukṣave" iti ‖ 4.21 ‖

■ 주 석 ■

**śānto dānta:** 억제하고 철회하고

깐와(Kāṇva) 필사본에 따르면, 《브르하다란야까 우빠니샤드》 4.4.23에 나오는 이 구절의 전체는 "억제하고(śāntaḥ) 철회하고(dāntaḥ) 정지하고(uparatiḥ) 인내하고(titikṣuḥ) 집중하는(samāhitaḥ) 자"이다. 저자가 말하는 여섯 가지의 구현(본문 4.13) 가운데서 다섯 가지가 같다. 한편, 마드얀디나(Mādhyandina) 필사본에는 다섯 번째 것인 '집중하는'(samāhitaḥ) 대신에 여섯 번째 것인 '믿음을 획득한'(śraddhāvittaḥ)이라는 표현이 나온다. 결국 저자는 우빠니샤드의 구절에 대한 두 필사본을 종합하여 여섯 가지의 구현을 제시하고 있는 것이다.

■ 해 설 ■

본문 4.2부터 4.21까지는, 4.1에서 말하는 '올바른 지식을 가진 자'로서 자격자에 대한 설명이다. 바로 이러한 연관에 있는 올바른 지식을 가진 자가 자격자라고 말한다. 무엇보다 네 종류의 성취수단(4.10) 가운데서 세 번째에 해당하는 여섯 가지의 구현(4.10, 4.13)은 《브르하다란야까 우빠니샤드》 4.4.23에서 지지된다. 더욱이 자격자의 여러 조건들은 샹까라의 저작인 《우빠데샤 사하스리》(Upadeśa-sāhasrī)

시편 16.72에서도 지지된다.

**4.22** 주제는 지식대상으로서 '개별자와 브라흐만의 동일성인 순수한 의식'이다 – 바로 그것에 베단따 [문헌들의] 취지가 있기 때문이다.

viṣayo jīvabrahmaikyaṃ śuddhacaitanyaṃ prameyaṃ tatraiva vedāntānāṃ tātparyāt ‖ 4.22 ‖

▮주 석▮

jīvabrahmaikya: 개별자와 브라흐만의 동일성

개별자란 개별적 아뜨만 또는 개별적 영혼을 말한다. 개별자가 브라흐만・아뜨만과 결코 다르지 않다는 것이 개별자와 브라흐만의 동일성(aikya)이다.

jīva: 개별자

일반적으로 속박의 상태에 있고 윤회를 겪는 모든 생명체를 부르는 용어이다. 윤회로 말미암은 속박은 무지에서 생기며, 지식은 그 속박으로부터 자유롭게 한다. 아드와이따 베단따에서는 순수의식(caitanya)이 내적기관(antaḥkaraṇa) 또는 지성(buddhi)에 반사(제한)된 것을 개별자라고 여긴다. 개별자는 세 가지 신체, 즉 현시적 신체, 미시적 신체, 원인적 신체를 가진다. 다른 식으로 말해서, 다섯 가지 덮개(kośa)를 가지고, 의식의 세 가지 상태(생시상태・꿈상태・숙면상태)를 경험한다.

**śuddhacaitanyaṃ: 순수한 의식**

'caitanya'는 그 자체로 순수의식 · 순수정신 · 순수지식이다. 브라흐만이나 아뜨만의 본질을 가리키는 용어로서, 'cit'와 동의적이고 '의식체'(cetana)와 유의적이며, 생시상태, 꿈상태, 숙면상태에 이어 의식의 제4상태를 뜻하는 뚜리야(turīya)로 불리기도 한다. 'śuddha-caitanya'는 이러한 순수의식의 특성을 '순수한'(śuddha)이라는 형용사를 써서 더 분명하게 표현한 것이다.

**prameya: 지식대상**

풀어서 말하자면 '알려져야만 하는 것'이다. 주제는 곧 알려져야만 하는 것으로서 지식대상이다. 이 경우에 결코 대상화할 수 없는 브라흐만(순수한 의식)이 어떻게 지식대상일 수 있느냐는 의문이 가능하다. 하지만 브라흐만이 아직 알려져 있지 않은 것이기에 알려져야만 한다는 의미에서 지식대상이라고 말할 따름이다.

**tātparya: 취지**

'그것'(tat)과 '목적 · 지향'(para)이 결합된 용어로서 '의도 · 의향' 등을 뜻한다. 말의 의미가 관계하는 한 '그것에 대한 확정을 야기할 수 있는 것'(tat-pratīti-janana-yogyatvam)이 취지이다. 아드와이따 베단따에서 취지는 화자가 의도한 의미라기보다 말들 자체의 힘에 따라 전달되는 의미이다. 무엇보다 문헌 해석학에서는 이 취지를 통해 문헌의 전체연관성(samanvaya) 또는 조화를 확보할 수 있다. 취지를 통한 일관적인 해석을 위해 취지를 확정하는 '여섯 종류의 표식'(ṣaḍvidhaliṅga)이 전통적으로 전한다. 그것들은 본문 30.3부터 30.9까지 상설된다.

■ 해 설 ■

네 가지 예비관련항들(본문 3.3) 가운데 자격자에 이어 주제(viṣaya)에 대해서 설명한다. 모든 아드와이따 베단따 문헌들의 주제는 개별자와 브라흐만의 동일성이라고 설명되어야만 한다. 그런데 동일성은 순수한 의식만 단일하게 존재하는 형태이다. 실제로는 브라흐만 자체가 비-이원성이고 동일성이기 때문이다. 예컨대 '지표에 항아리가 부재한다'(bhūtale ghaṭābhāvaḥ)에서 지표만 동일성으로(단일하게) 존재하는 것이듯이, '브라흐만에 개별자의 차이가 부재한다'(brahmaṇi jīvabhedābhāvaḥ)에서도 브라흐만만 동일성으로(단일하게) 존재한다. 주제가 이와 같은 내용의 동일성인 까닭은, 모든 문헌들에서 공통적으로 동일성을 취지로 가지기 때문이라고 볼 수 있다.

**4.23** 한편, 연관은 '그 동일성으로서의 지식대상'과 '그것을 제시하는 우빠니샤드라는 지식수단' 사이에 전달대상과 전달주체의 관계이다.

sambandhas tu tadaikyaprameyasya tatpratipādakopaniṣatpra-māṇasya ca bodhyabodhakabhāvaḥ ‖ 4.23 ‖

■ 주 석 ■

**bodhyabodhakabhāva**: 전달대상과 전달주체의 관계

'전달되는 것'(bodhya)과 '전달하는 것'(bodhaka) 사이의 관계(bhāva)이다. 달리 말해서, 지식대상과 지식수단 사이 또는 주제와 저작 사이의 관계이다.

▌해 설▌

연관(sambandha)이라는 것은 지식대상 · 전달대상(알려져야만 하는 것)과 지식수단 · 전달주체(알려 주는 것) 사이의 관계이다. 전자는 주제이고 후자는 주제를 알려 주는 우빠니샤드이다. 주제는 본문 4.22에서 말하듯이 개별자와 브라흐만의 동일성이고, 우빠니샤드는 바로 그 주제를 제시하고 확립하는 저작이다.

**4.24** 한편, 목적은 그 동일성으로서의 지식대상과 관계된 무지를 파기하는 것이며, 또한 자신의 본질인 순수환희를 획득하는 것이다. "아뜨만을 아는 자는 슬픔(고통)을 건넌다"(찬도-우 7.1.3)라는 등의 계시서 때문이고, 또한 "브라흐만을 아는 자는 브라흐만 자체가 된다"(문다-우 3.2.1)라는 등의 계시서 때문이다.

prayojanaṃ tu tadaikyaprameyagatājñānanivṛttiḥ svasvarūpānandāvāptiś ca "tarati śokam ātmavit" ityādiśruteḥ "brahmavid brahmaiva bhavati" ityādiśruteś ca ‖ 4.24 ‖

▌주 석▌

ajñāna: 무지(無知)

'avidyā'와 동의어이다. 인식론적 개념으로서 무지는, '지식이 없는 것'이 아니라 '지식인 것으로 잘못 여겨지는 그 무엇'을 가리킨다. 따라서 무지는 몰이해이거나 허위적 지식인 셈이다. 이러한 무지를 파기(소멸)하는 것이 아드와이따 베단따에서는 해탈로 알려진다.

한편, 샹까라 이후의 아드와이따 베단따에서는 무지를 존재론적으로 실체화하는 경향을 보인다. 그러한 연관에서, 이 책의 중심 용어들인 '가탁', '탈-가탁'과 관련되어 나오는 무지는 존재론적 성격을 가진다. 곧 실재인 브라흐만(순수의식)과 연계되어 세계를 전개(창조)하는 그 어떤 것이 바로 존재론적 성격을 가진 무지이다.

āananda: 순수환희

우빠니샤드에서 브라흐만은 순수환희로 자주 묘사된다. 순수환희는 고통, 슬픔 등이 영원히 온전하게 없는[不在] 상태를 뜻한다. 이 개념이 순수존재(sat) · 순수의식(cit)과 더불어 브라흐만에 대한 본질적 정의에 편입된 것은 후기 아드와이따 베단따에서이다. 무지한 개별자가 고통에 속박되어 있는 것과는 달리, 아뜨만을 아는 자는 순수환희에 이른다.

■ 해 설 ■

'개별자와 브라흐만의 동일성'과 관계된 무지를 파기하는 것은 해탈을 얻는 것이다. 이것이 바로 목적(prayojana)에 해당된다. 무지의 파기에는 곧바로 무지에서 비롯된 고통(슬픔)의 파기가 뒤따르므로 자기 자신의 본질인 순수환희가 자연스럽게 획득된다. 이러한 점은, 브라흐만 · 아뜨만을 아는 자가 고통(슬픔)을 넘어 순수환희를 본질로 가진 브라흐만 · 아뜨만 자체가 된다는, 계시서의 문구들로부터 증명된다.

## 5. 스승과 '가탁과 탈-가탁의 방법'

**5.1** 태어남과 죽음 등 윤회의 화염에 괴롭힘을 당하는 이러한 자격자는, 뜨거워진 머리를 [식히기 위해] 호수로 [다가가는] 자와 같이, 헌물을 손에 든 채 베다에 정통하고 브라흐만에 몰두해 있는 스승에게 다가가서 그를 따른다 – "장작을 손에 든 채 베다에 정통하고 브라흐만에 몰두해 있는"(문다-우 1.2.12)이라는 등의 계시서 때문이다.

ayam adhikārī jananamaraṇādisaṃsārānalasantapto pradīptaśirā jalarāśimivopahārapāṇiḥ śrotriyaṃ brahmaniṣṭhaṃ gurum upasṛtya tam anusarati "samitpāṇiḥ śrotriyaṃ brahmaniṣṭham" ityādiśruteḥ ‖ 5.1 ‖

■ 주 석 ■

saṃsāra: 윤회

인도철학의 기본 전제로서, 인도철학의 특색을 비슷하게 몰아가고 아울러 인도철학의 심층적 탐구를 낳은 윤회는 언제나 회피·탈피되어야 할 대상이다. 아드와이따 베단따에서는 윤회 자체를 허구로 만들어버림으로써 윤회로부터 회피·탈피를 꾀한다. 윤회를 무지의 산물로 여기기에 무지를 파기함으로써 윤회로부터 자유로울 수 있는 것이다.

■ 해 설 ■

생사의 윤회에서 고통을 받고 있는 자격자는, 마치 햇볕에 뜨거워진 머리를 식히기 위해 호수로 다가가는 사람처럼, 학식을 갖추고 진리에 몰두해 있는 스승에게 다가간다. 학생으로서 입문식(入門式, upanayana)을 치르기 위해 스승을 찾아갈 때는 성화(聖火)를 지피기 위한 장작을 한 아름 가져가야 한다. 아이(자격자)의 부모는 스승에게 소 한 마리나 그에 상당하는 물건을 바친다. 제2의 탄생을 뜻하는 입문식이 끝나면 제자는 스승의 은거지에서 학업을 마칠 때까지 스승을 따르면서 지낸다. 이와 같은 학습 방식을 전형적으로 보여 주는 것이 《쁘라슈나 우빠니샤드》(Praśna-upaniṣad)이다. 이 우빠니샤드는 여섯 명의 제자가 장작더미를 안은 채 스승에게 찾아가 하나씩 질문을 던지고 스승이 그에 걸맞은 답변을 하는 형식이다.

**5.2** 그(스승)는 지고한 자비를 통해 그(제자)에게 가탁과 탈-가탁의 방법으로 교훈을 준다 – "다가온 그에게 그 현자는 설명한다"(문다-우 1.2.13)라는 등의 계시서 때문이다.

sa paramakṛpayādhyāropāpavādanyāyenainam upadiśati "tasmai sa vidvān upasannāya prāha" ityādiśruteḥ ‖ 5.2 ‖

▌주 석▐

**adhyāropāpavādanyāya:** 가탁(假託)과 탈-가탁(脫-假託)의 방법

이 책의 중심어가 바로 가탁과 탈-가탁이다. 'adhyāropa-apavāda'에서 'adhyāropa'는 아드와이따 베단따의 또 다른 전문용어인 '가탁'(adhyāsa) 즉 인식론적 오류와 유의적인 것으로서 인식론적 의미를 가진다. 이 경우에 'adhyāsa'로서 'adhyāropa'는 무지를 뜻하는 'avidyā', 'ajñāna'와도 유의적이다. 따라서 가탁은 '어떤 것을 그것과 다르게 인식함', 즉 실재를 비-실재로 인식하는 것을 뜻한다(본문

6.1). 'apavāda'는 가탁을 파기하는 것, 즉 가탁으로부터 인식론적으로 벗어나는 것이다. 따라서 탈-가탁은 '다르게 인식한 것을 파기함', 즉 비-실재로 인식한 것을 파기함으로써 실재를 인식하게 되는 것을 뜻한다(본문 21.1).

가탁과 탈-가탁의 방법은 이와 같은 인식론적 의미의 가탁과 탈-가탁(가탁의 파기)을 하나의 방법으로 쓰는 것을 가리킨다. 왜냐하면 인식론적 오류인 가탁의 상태에 있을 경우에는 스스로가 가탁의 상태에 있다는 것을 모르므로 방법적으로 그것을 알려 주어야 하기 때문이다. 바꿔 말하면, 실재에 대한 지식을 전달하는 경우에 실재가 아닌 비-실재들이 어떻게 실재와 관련된 채로 실재를 은폐하고 있는지를 방법적으로 보여 주어야 하기 때문이다. 이러한 방법을 적용한 결과는 바로 실재를 비-실재로부터 분별하는 지식이다. 그리고 분별적 지식이 있어야만 우빠니샤드의 대문구를 제대로 해석하고 이해할 수 있다. 그래서 실재에 비-실재를 허구적으로 귀속시키는 방법을 가탁이라고 하고, 그렇게 귀속된 비-실재를 후발적으로 철회하는 방법을 탈-가탁이라고 한다. 가탁과 탈-가탁이 실재인 브라흐만에 대한 지식을 전달하는 방법으로 쓰이는 것이다.

샹까라는 《브라흐마 수뜨라 주석》 1.1.8과 1.1.12에서, 비록 가탁과 탈-가탁의 방법을 언급하지는 않지만 그 방법을 담고 있는 적절한 비유를 보여 준다. 그것은 현시적인 큰 별들로써 아주 작은 별인 '아룬다띠'(arundhatī)를 지시하는 방법이다(sthūla-arundhatī-nyāya). 결혼식에서 사제는 갓 결혼한 부부에게 이 별을 가리키며 보게끔 하는데, 먼저 눈에 잘 띄는 큰 별을 '아룬다띠'라고 허구적으로 귀속시킨다. 그런 다음, 그 큰 별이 '아룬다띠'가 아니라고 후발적으로 철회한다. 이와 같이 허구적으로 귀속시키기와 후발적으로 철회하기를 여러 번

반복하여 최종적으로는 아주 작은 별인 '아룬다띠'를 인지하게끔 한다. 마찬가지로, 브라흐만이나 아뜨만에 대한 교훈도 가탁과 탈-가탁의 방법을 통해 전할 수 있다. 진리나 실재는 언어 초월적이지만 오직 언어를 통해서만 전할 수 있는 것이므로, 진리나 실재와 비슷한 것을 마치 진리나 실재인 것처럼 허구적으로 귀속시킨 다음, 다시 그렇게 귀속된 진리나 실재가 참된 진리나 실재가 아니라고 후발적으로 철회한다. 이러한 방법을 반복함으로써 궁극에 이르러서는 더 이상 철회할 수 없는 유일무이의 브라흐만·아뜨만이 남게 되는 것이다.

한편, 이 책을 포함한 후기 아드와이따 베단따 저작들은 'avidyā'라는 용어와 더불어 'ajñāna'라는 용어를 자주 쓴다. 그리고 'ajñāna'는 무지의 인식론적 특성과 존재론적 특성을 동시에 내포하는 주된 용어가 된다. 이 책에서도 'ajñāna'의 경우, '허구로서 세계를 가능케 한 존재론적 원인'이라는 의미가 인식론적 의미보다 압도적으로 강하다. 결과적으로 인식론적 측면에서 '가탁'(adhyāropa)과 '무지'(ajñāna)는 유의적이지만, 후자는 존재론적 측면에서 인과적 원인을 지시하고 있고, 전자는 방법론적 측면에서 결과(비-실재)를 원인(실재)에 허구적으로 귀속시키는 것 즉 가탁하는 것을 지시하고 있다.

**해 설**

다가온 제자에게 스승은 지고한 자비로써 진리를 전해 준다. 진리를 전하는 방식은 가탁과 탈-가탁의 방법이다. 인용된 계시서의 본래 문구는 다음과 같다. "마음을 평정하고 감관억제를 하고 진심으로 다가온 그에게, 그 현자는 순수존재이고 불멸체인 뿌루샤를 알게끔 하는 브라흐만-지식을 진실 되게 전해야만 한다."(문다-우 1.2.13)

# Ⅱ. 가탁(假託, adhyāropa)

## 6. 가탁, 실재와 비-실재

**6.1** 가탁은, 뱀이 아닌 것으로서의 밧줄에 뱀이 부가되는 것과 같이, 실재에 비-실재가 부가되는 것이다.

asarpabhūtāyāṃ rajjau sarpāropavad vastuny avastvāropo 'dhyāropaḥ ‖ 6.1 ‖

▌주 석▐

adhyāropa: 가탁(假託)

샹까라는 《브라흐마 수뜨라 주석》의 서문(Adhyāsa-bhāṣya라고 불림)에서 '가탁'(adhyāsa)에 대한 정의를 내린다. 가탁이라는 것은 "이전에 경험된 것이 기억의 형태로 다른 것에 현현함"이며, 더 간단하게 말해서 "그것이 아닌 것에 대하여 그것으로 인식함"이다. 밧줄이 뱀처럼 보이고, 자개가 은처럼 보이고, 하나의 달이 두 개의 달로 보이는 일상생활의 경험이 그 실례들이다. 'adhyāsa'와 'adhyāropa'는 직역하면 의미에 약간의 차이가 있지만, 아드와이따 베단따에서는 두 용어를 유의적으로 쓴다.

본문 6.1만을 독립적으로 살펴볼 때, 어둠 속에서 밧줄을 뱀으로 잘못 인식하는 것과 같이, 가탁은 순수하게 인식론적인 의미로 쓰이는 것처럼 보인다. 그렇지만 본문 5.2에서 가탁과 탈-가탁의 방법을 잠시 언급한 이래, 본문 6편부터 18편까지 브라흐만(실재)에 거대 복합현상계가 가탁되는 것을 다루고, 19편과 20편에서 아뜨만(실재)에 비-아뜨만이 가탁되는 것을 다루며, 21편에서 다시 가탁의 역순에 따르는 단계적 탈-가탁을 다루는 이상, 가탁이 탈-가탁과 함께 방법론적으로 쓰인 점 또한 분명하다.

■ 해 설 ■

어둠 속에서는 밧줄을 뱀으로 잘못 인식하는 경우가 있다. '뱀이 아닌 밧줄'을 뱀인 것처럼 잘못 인식하는 경우이다. 마찬가지로, '비-실재가 아닌 실재'를 비-실재로 잘못 인식하는 경우가 있다. 두 가지 경우 모두 '어떤 것'(밧줄, 실재)에 '그것과 다른 것'(뱀, 비-실재)이 부가(āropa)된 형태이며, 바로 이와 같은 인식론적 현상을 가탁(adhyāropa)이라고 부른다.

**6.2** 실재는 순수존재 · 순수의식 · 순수환희이고 무한이며 비-이원적인 브라흐만이다. 비-실재는 무지 등[과 같은] 모든 비-지각인 것들의 집합이다.

vastu saccidānandānantādvayaṃ brahma । ajñānādisakalajaḍa-samūho 'vastu ॥ 6.2 ॥

■ 주 석 ■

jaḍa: 비-지각(非知覺)

본래는 상크야(Sāṃkhya) 학파가 두 가지 실재 가운데 하나인 쁘라끄르띠(Prakṛti)에 부여한 속성이다. 순수물질(원물질)인 쁘라끄르띠는 비-의식체(acetana)이기 때문에 의식체(cetana)인 뿌루샤(Puruṣa)와 접촉을 통해서만 세계 전개를 위한 동작을 시작할 수 있다. 아드와이따 베단따에서는 샹까라의 제자인 빠드마빠다(Padmapāda; 기원후 9세기)가 무지(avidyā)를 실체화하면서 'jaḍa'를 그 특성으로 맨 먼저 받아들인다. 그래서 '무지'는 상크야 학파의 '쁘라끄르띠'와 비슷한 속성을 가지고 비슷한 기능을 하게 된다.

'jaḍa'는 '물질적인 것'이라는 의미보다 '비-지각인 것'(지각이나 의식의 부재)이라는 의미가 강하다. 마치 태양의 빛이 없으면 달이 빛을 낼 수 없듯이, 순수의식이 없으면 무지 등은 지각(의식)이 부재하는 상태에서 활성이나 동작이 없게 된다. 순수의식으로서 실재를 제외한 모든 것, 즉 무지를 비롯한 모든 복합현상계는, 의식과 다른 것이고 지식과 다른 것으로서 비-지각성(jaḍatva)을 가진다.

■ 해 설 ■

본문 6.1에 나오는 실재(vastu)와 비-실재(avastu)를 정의한다. 실재는 유일무이한 비-이원적 브라흐만이며, 비-실재는 무지와 복합현상계(세계)이다. 실재와 비-실재를 구분하는 것은 순수의식(caitanya)인가 순수의식이 아닌가 하는 점, 또는 달리 말해서, 의식체(cetana)인가 비-의식체(acetana)인가 하는 점에 따른다. 비-의식체는 비-지각이다.

**6.3** 한편, 무지는 존재라고도 비-존재라고도 말해질 수 없고, 3구나로 이루어지며, 지식에 반대되고, 존재형태인 그 무엇이라고 그들은 말한다 – '나는 무지하다'라는 등을 경험하기 때문이고, 또한 "그 자체의 구나들(전개물들)에 의해 숨겨진 '신격 자신의 동력'을"(슈웨-우 1.3)이라는 등의 계시서 때문이다.

ajñānaṃ tu sadasadbhyām anirvacanīyaṃ triguṇātmakaṃ jñāna-virodhi bhāvarūpaṃ yat kiñcid iti vadanty aham ajña ityādya-nubhavāt "devātmaśaktiṃ svaguṇair nigūḍhām" ityādiśruteś ca ‖ 6.3 ‖

■ 주 석 ■

anirvacanīya: 말해질 수 없는

무지는 존재하는 것이라고도 존재하지 않는 것이라고도 '말해질 수 없는' 것이다. 만약 무지가 존재하는 것이라면, 브라흐만의 비-이원성(advaita) 또는 유일무이성(唯一無二性)이 침해되므로 아드와이따 베단따의 '제 1 정리'는 유지될 수 없다. 만약 무지가 존재하지 않는 것이라면, '토끼의 뿔'이나 '석녀(石女)의 아들' 등과 존재론적으로 동등한 범주에 속하게 되므로, 복합현상계를 생성시킨 원천으로 기능하는 것이 없어져 세계에 대한 인과론적 설명이 불가능해지고 만다. 그리고 만약 무지가 존재하는 것이라면 그것은 결코 지양될 수 없고, 만약 무지가 존재하지 않는 것이라면 그것은 결코 현현될 수 없다. 따라서 무지는 존재라고도 비-존재라고도 '말해질 수 없는' 것이다. 무지의 이러한 언설불가성(言說不可性, anirvacanīyatā)을 대부분의 아드와이따 베단따 학자들이 인정하지만, 초기 학자들인 샹까라와 그의 4대 제자 가운데 두 사람인 수레슈와라(Sureśvara), 또따까(Toṭaka)는 이러한 표현을 전혀 쓰지 않는다. 그리고 샹까라의 경우에는, 언설불가성이라는 특성을 무지와 관련시키지 않고 명칭과 형태(nāma-rūpa)에 대한 묘사에만 쓴다. 어떤 경우든지 언설불가성은 '존재라고도 비-존재라고도 말해질 수 없다'는 의미에 제한될 뿐, 단순히 '말해질 수 없다'라는 의미는 아니다.

한편, 어떤 사물이나 현상의 언설불가성과 관련된 표현은 우빠니샤드에도 나온다. 예컨대, 《찬도그야 우빠니샤드》 1.13.3, 2.22.1은 '정의되지 않는'(anirukta)을, 《따잇띠리야 우빠니샤드》 2.6은 'nirukta'와 함께 'anirukta'를 제시한다. 그리고 《까타 우빠니샤드》(Kaṭha-upaniṣad) 5.14에도 비슷한 의미를 가진 '지시될 수 없는'(anirdeśya)이라는 표현이 나온다.

**triguṇa: 3구나**

상크야 학파에서 말하는 세 가지 구나(guṇa)를 이른다. 삿뜨와(sattva)·라자스(rajas)·따마스(tamas)라는 3구나는 순수물질인 쁘라끄르띠를 이루는 동시에 쁘라끄르띠로부터 전개된 제각각의 만물을 이루는 것들이기도 하다. 따라서 3구나는 세계를 이루는 근본적인 속성이나 요소를 세분화하여 표현한 것이라고 할 수 있다.

상크야 학파의 영향을 받은 후기 아드와이따 베단따 학자들은 무지가 3구나로 이루어진 것이라고 여긴다. 초기 아드와이따 베단따 학자들이 인식론적 개념으로 쓴 무지는, 시간이 지남에 따라 존재론적 특성을 강하게 가지게 되고, 결국에는 아드와이따 베단따의 체계 속에서 상크야 학파의 쁘라끄르띠가 맡은 구실을 떠맡는다. 그렇지만 무지가 3구나로 이루어진 것이라는 관념은 초기 학자인 샹까라의 시대에 이미 존재했을 가능성이 높다.

**jñāna: 지식**

아드와이따 베단따에서 말하는 지식은 지성적 지식이라기보다 지혜에 가깝다. 그리고 지혜로서 지식은 대부분 직관적이고 직접적인 이해나 경험의 형태로 묘사된다. 지식은 무지와 반대되는 것으로, 흔히 어둠을 물리치는 빛에 비견된다. 지식이 얻어질 때에 무지는 사라진다.

**bhāvarūpa: 존재형태**

아드와이따 베단따 학자들은, 논리학자(Naiyāyika)들이 무지를 단순히 '지식의 부재'(jñāna-abhāva)라고 주장하는 것에 대하여, 무지는 결코 부재와 연계될 수 없다고 주장하면서 그것을 존재형태로 본다. '나는 무지하다', '나는 아무것도 모른다' 등과 같이, 무지는 부재하는 것이 아니라 무언가 존재형태로서 경험된다고 말한다. 무지를 '실제로 무언가로 존재하는 형태'라고 여기는 것은 인식론적 개념인 무지에 존재론적 특성을 부여한 것이다. 그렇지만 비록 무지가 존재형태라고 할지라도, 무지에 브라흐만과 같은 실재성을 부여한 것은 아니다. 무지는 최종적으로 지식에 의해 지양되는 것이므로, 결코 브라흐만의 존재론적 위상과는 견줄 수 없기 때문이다.

아드와이따 베단따에서 '존재형태'라는 용어가 본격적으로 무지에 대한 수식어가 된 것은 즈냐놋따마(Jñānottama; 기원후 1200년 무렵) 이후이다.

śakti: 동력(動力)

아드와이따 베단따에서는 'śakti'를 일반적으로 환술(幻術)로서 'māyā', 존재론적인 'avidyā'(ajñāna)와 유의적인 개념으로 쓴다. 곧 신(신격)의 세계 창조에 필요한 동력을 일컫는다. 인용 문구에서도 살펴지듯이, 신격 자신의 동력은 '동력 자체가 전개한 세계의 결과물들'(그 자체의 전개물들)에 의해 숨겨진 채로 존재한다. 원인으로서 동력은 결과 속에 잠재적으로 존재한다. 그리고 구나들이 곧 전개물들인 까닭은, 결과가 원인에 미리 존재한다는 관념에 따라, 원인을 이루는 구나들이 결과로서의 전개물들을 또한 이루기 때문이다.

■ 해 설 ■

무지는 단순히 인식론적 개념일 뿐만 아니라 존재론적 개념이기도 하다. '지식에 반대되는 것'으로서 무지는 인식론적인 개념이다. '존재라고도 비-존재라고도 말해질 수 없는 것', '3구나로 이루어진 것', '존재형태'라는 표현은 무지의 존재론적 측면에 대한 기술이다. 무지가 현실적으로 존재한다는 사실은 '나는 무지하다' 등의 직접적 경험으로부터 확립되고, 또 계시서의 문구들로부터도 확립된다.

## 7. 무지의 집합과 개별

**7.1** 이러한 무지는, 집합적이거나 개별적인 접근에 따라, 단일로서 또 다수로서 다루어진다.

idam ajñānaṃ samaṣṭivyaṣṭyabhiprāyeṇaikam anekam iti ca vyavahriyate ‖ 7.1 ‖

▮ 주 석 ▮

samaṣṭi, vyaṣṭi: 집합, 개별

두 용어 모두 동사 어근 √aś(충만하다)에서 기원한 것이다. 직역하면 'samaṣṭi'는 전체적(합해진) 충만이고, 'vyaṣṭi'는 제한적(나뉘어진) 충만이다. 전체적으로 퍼져 있는 것은 집합인 셈이고, 제한적으로 퍼져 있는 것은 개별인 셈이다. 어근 √as(존재하다)에서 기원하는 'samāsa', 'vyāsa'와 대개 유의적으로 쓰인다(본문 7.7).

▮ 해 설 ▮

무지는 집합과 개별이라는 두 가지 형태를 가진다. 개별로 이루어진 집합의 관점에서 무지는 단일(하나)이고, 집합을 이루는 개별의 관점에서 무지는 다수이다. 집합적 무지가 순수의식을 한정함으로써 이슈와라(신)가 되고(본문 7.4), 개별적 무지가 순수의식을 한정함으로써 쁘라즈냐(개별지성)가 된다(본문 7.9).

이러한 집합과 개별은 각각 대우주적 관점과 소우주적 관점을 가리킨다. 무지(원인적 신체)와 마찬가지로 미시적 신체의 집합과 개별, 현시적 신체의 집합과 개별도 순수의식(실재)을 한정하는데, 그러한 경우의 집합과 개별도 각각 대우주적 관점과 소우주적 관점을 뜻한다. 곧 실재 위에 가탁된 복합현상계(우주·세계)에 대한 형이상학적 지식을 대우주와 소우주의 관점에서 이해해야 할 필요성이 있는 것이다. 방법적으로 가탁(또는 탈-가탁)의 구조를 이해해야만 '그것이 너이다'(tat tvam asi)라는 우빠니샤드의 대문구를 제대로 해석할 수 있기 때문이다(본문 22.1). '그것이 너이다'에서 '그것'은 집합적, 대우주적 관점과 관계하고, '너'는 개별적, 소우주적 관점과 관계한다.

**7.2** 이를 풀이한다. 나무들이 집합적인 접근에 따라 숲이라는 단일성으로 지시되듯이, 또는 물들이 집합적인 접근에 따라 호수라는 단일성으로 지시되듯이, 마찬가지로 다수성으로 현현하고 있으며 개별자들에서 존재하는 무지들도 집합적인 접근에 따라 그것(무지)의 단일성으로 지시된다 – "무-생성의 단일자"(슈웨-우 4.5)라는 등의 계시서 때문이다.

tathā hi | yathā vṛkṣāṇāṃ samaṣṭyabhiprāyeṇa vanam ity ekatvavyapadeśo yathā vā jalānāṃ samaṣṭyabhiprāyeṇa jalāśaya iti tathā nānātvena pratibhāsamānānāṃ jīvagatājñānānāṃ samaṣṭyabhiprāyeṇa tadekatvavyapadeśaḥ "ajām ekāṃ" ityādiśruteḥ ‖ 7.2 ‖

■ 주 석 ■

**jīvagatājñānānām: 개별자들에서 존재하는 무지들도**

'개별자들에서 존재하는 무지'라는 표현은, 얼핏 무지가 개별자에 존재하는 것이라고 저자가 주장하는 것처럼 보인다. 그렇지만 저자는 아드와이따 베단따의 두 부파 가운데서, 무지의 처소(āśraya)가 브라흐만이라고 주장하는 비와라나(Vivaraṇa) 학파에 속한다. 무지의 처소가 개별자라고 주장하는 것은 바마띠(Bhāmatī) 학파이다. 주류를 이루는 비와라나 학파의 견해에 따르면, 비록 브라흐만이 무지의 처소이지만, 무지는 브라흐만에 영향을 주지 않으며 세계 안에서 세계를 통해서만 영향을 미친다. 뱀의 독이 뱀의 이빨을 처소로 하고 있지만, 그 독이 뱀에 영향을 주지 않으며 다른 생명체를 물 경우에만 영향을 미치는 것과 같은 이치이다. 하지만 브라흐만이 무지 속에서 반사된 것이 다수의 개별자인 한, 개별자들이 각각에 속하는 개별적 무지를 가지고 있다고도 말할 수 있다.

**aja: 무-생성(無生成)**

원문의 'ajā'는 여성형이다. '생성 · 탄생하지 않음'을 뜻하기에 '무-시초'(anādi)와 유의적이라고 볼 수 있다. 'aja'는 아드와이따 베단따에서 일반적으로 환술(māyā), 무지(avidyā, ajñāna), 동력(śakti) 등의 속성을 나타내는 말이다.

■ 해 설 ■

본문 7.1을 풀이해서 설명한다. 무엇보다 집합적 무지에 관해서 말한다. 숲과 호수라는 두 가지 예시에 보이듯이, 개별적 관점에서 다수 개별자들에 내재하는 다수의 무지들은 집합적 관점에서는 오직 단일한 것일 뿐이다. 인용 문구도 단일자로서 무지를 강조한다.

**7.3** 이러한 집합적 [무지는] 우등한 한정자임으로 말미암아 순수한 삿뜨와 [구나]의 우세를 [보인다].

iyaṃ samaṣṭir utkṛṣṭopādhitayā viśuddhasattvapradhānā ‖ 7.3 ‖

■ 주 석 ■

upādhi: 한정자

어떤 것을 그 자체와는 다른 것으로 현현하게끔 영향을 주는 것을 일컫는다. 예를 들어 빨간 꽃이 무색의 투명한 수정 옆에 있을 경우, 빨간 꽃이 수정을 빨갛게 나타나도록 하므로 빨간 꽃은 한정자가 되는 셈이다. 이 책에 나오는 대표적인 한정자들은 집합적인 무지, 집합적인 미시적 신체, 집합적인 현시적 신체, 개별적인 무지, 개별적인 미시적 신체, 개별적인 현시적 신체이다. 이러한 것들은 모두 순수의식으로서의 브라흐만·아뜨만을 그것과는 다른 것으로 나타나도록 하므로 한정자가 된다.

■ 해 설 ■

본문 7.1에서 말한 두 가지 형태의 무지 가운데, 집합적 무지는 개별적 무지보다 우등한 한정자이기 때문에 불순에 대한 순수의 우위를 보인다. 3구나로 이루어진 집합적 무지는 라자스와 따마스라는 두 구나에 대해 순수한 삿뜨와 구나의 우세를 가지고 있다.

**7.4** 이것(집합적 무지)에 의해 한정된 순수의식은 전지성, 전능성, 만물 주권 등의 특성을 가진 것이고, 또한 모든 무지들에 대한 조명체임으로 말미암아 미현현자, 내적 지배자, 세계 원인, 이슈와라라고 언명된다. "[총체적으로] 전지하고 [구체적으로] 전지한 것"(문다-우 1.1.9)이라는 계시서 때문이다.

etadupahitaṃ caitanyaṃ sarvajñatvasarveśvaratvasarvaniyantṛtvādiguṇakam avyaktam antaryāmī jagatkāraṇam īśvara iti ca vyapadiśyate sakalājñānāvabhāsakatvāt । "yaḥ sarvajñaḥ sarvavit" iti śruteḥ ॥ 7.4 ॥

▌주 석▐

sakalājñānāvabhāsaka: 모든 무지들에 대한 조명체(照明體)

개별적 무지는 쁘라즈냐(prājña, 개별지성)에 의해 조명되고, 집합적 무지는 이슈와라(Īśvara, 신)에 의해 조명된다. 바꿔 말해서, 미미한 지식을 가진 쁘라즈냐는 하나의 무지에 대한 조명체이고(본문 7.9), 전지성을 가진 이슈와라는 모든 무지들(무지의 집합)에 대한 조명체이다.

avyakta: 미현현자(未顯現者)

우빠니샤드에 나오는 용어로서 상크야 학파에서는 쁘라끄르띠 또는 쁘라다나(Pradhāna)의 유의어로 쓴다. 샹까라는 미현현자를 '환술'(māyā), '미전개자'(avyākṛta), 쁘라끄르띠 등의 유의어로 보지만, 이 책에서는 신의 유의어로 본다. 그렇지만 세계가 현현(전개)되기 이전에 세계의 질료적 제1원인으로 존재하는 그 어떤 것을 가리키는 점은 같다.

**antaryāmin: 내적 지배자(內的 支配者)**

모든 개별자들의 내부(심장)에 거주하면서 지성(buddhi)을 지배하는 자이다. 이와 대비되는 개념은 '만물 주권'(sarvaniyantṛ), 즉 외적 지배자이다.

**jagat: 세계**

'브라흐만은 실재이고, 세계는 허구이고, 개별자는 브라흐만 자체와 다르지 않다'(brahma satyaṃ jagan mithyā jīvo brahmaiva nāparaḥ)라는, 아드와이따 베단따의 사상을 요약한 것으로 가장 널리 사람들의 입에 오르내리는 이 문구는, 세계에 대한 아드와이따 베단따의 관점을 단적으로 보여 준다. 세계는 근본적으로 무지의 산물이므로 환영(māyā)이나 허구(mithyā)에 지나지 않는다.

**īśvara: 이슈와라(神)**

아드와이따 베단따에서 말하는 이슈와라(신)는 '순수의식으로서 브라흐만이 집합적 무지에 의해 한정된 것', 즉 '집합적 무지에 의해 한정된 브라흐만'이다. 신에 대한 이러한 관념은 샹까라의 《브라흐마 수뜨라 주석》 2.3.45에서도 발견된다. 그에 따르면 신은 '견줄 데 없는 한정자를 가진 것'(niratiśaya-upādhi-saṃpannaḥ)이고, 개별자는 '하등의 한정자를 가진 것'(nihīna-upādhi-saṃpannaḥ)이다. 견줄 데 없는 한정자는 집합적 무지와, 하등의 한정자는 개별적 무지와 각각 대응된다고 할 수 있다.

▮해 설▮

'집합적 무지에 의해 한정된 순수의식'이란 신(이슈와라)을 말함이다.

이러한 신은 전지성 등의 여러 특성들을 가지고, 미현현자 등의 여러 명칭들을 가진다.

**7.5** 이슈와라(신)에 관한 이 집합적 [무지는], 만물의 원인임으로 말미암아 원인적 신체라고 말해지고, 환희로 충만한 것이며 덮개처럼 덮는 것임으로 말미암아 '환희로 이루어진 덮개'라고 말해지고, 만물의 죽음임으로 말미암아 숙면[상태]라고 말해지고, 또 바로 그 이유로부터 현시적이고 미시적인 복합현상계가 소멸하는 장이라고 말해진다.

īśvarasyeyaṃ samaṣṭir akhilakāraṇatvāt kāraṇaśarīram ānanda-pracuratvāt kośavad ācchādakatvāc cānandamayakośaḥ sarvo-paramatvāt suṣuptir ata eva sthūlasūkṣmaprapañcalayasthānam iti cocyate ‖ 7.5 ‖

▌주 석▐

**kāraṇaśarīra**: 원인적 신체

상크야 학파에서 현시적 신체(sthūla-śarīra), 미시적 신체(sūkṣma-śarīra)라는 두 가지 신체만을 개별자(jīva)에 속한 것으로 인정하는 것과 달리, 아드와이따 베단따에서는 세 종류의 신체를 그러한 것으로 인정한다. 그것들은 현시적 신체, 미시적 신체, 원인적 신체이다. 원인적 신체는 영혼이 육화되는(속박되는) 근본 원인이므로, 원인(kāraṇa)이 되는 신체(śarīra)라는 뜻이다. 무지가 곧 원인적 신체이다. 현시적 신체와 미시적 신체는 숙면상태에서 원인적 신체로 소멸한다.

소우주적 관점에서 원인적 신체가 영혼의 육화를 야기하는 것과 달리, 대우주적 관점에서 그것은 세계의 물질화를 야기한다. 그래서 집합적(대우주적) 무지가 신의 원인적 신체라고 말한다. 신이 만물(세계)을 창조하는 데 집합적 무지가 근본 원인으로 작용하기 때문이다. 그리고 대우주적 관점에서는 현시적 복합현상계, 미시적 복합현상계가 우주적 숙면상태에서 우주적인(신의) 원인적 신체인 집합적 무지로 소멸한다.

kośa: 덮개

칼을 덮고 있는 '칼집'처럼 아뜨만을 덮고 있는 '덮개'를 가리킨다. 진정한 '나'인 아뜨만의 본질을 덮어 감추는 것으로 5덮개(pañca-kośa)가 있다. 그것들은 (1) 음식으로 이루어진 덮개, (2) 숨으로 이루어진 덮개, (3) 마음으로 이루어진 덮개, (4) 인식으로 이루어진 덮개, (5) 환희로 이루어진 덮개이다. 5덮개는 세 가지 신체와 관련하여, (1)은 현시적 신체와, (2)에서 (4)는 미시적 신체와, (5)는 원인적 신체와 각각 대응한다. 또 5덮개는 의식의 세 가지 상태와 관련하여, (1)은 생시상태와, (2)에서 (4)는 꿈상태와, (5)는 숙면상태와 각각 대응한다. 아뜨만은 세 가지 신체들의 근저인 것이고, 세 가지 의식의 상태와는 다른 제4상태, 뚜리야, 순수의식이다.

ānandamayakośa: 환희로 이루어진 덮개

아뜨만을 덮는 다섯 가지 덮개(kośa)들 가운데서 다섯 번째에 해당되는 것이다. 숙면상태에서 경험되는 환희(ānanda)를 빗대어 지어진 이름이며, 무지를 가리키기도 한다. 무지가 그러한 것처럼, 다른 덮개와 함께 이 덮개도 아뜨만에 대한 지식을 얻어 해탈에 이를 때까지 영혼에 붙어 있다. 참고로 브라흐만 또는 아뜨만은 '환희(ānanda) 그 자체'이다.

suṣupti: 숙면(熟眠)[상태]
의식의 '네 가지 상태'(catuṣpāda)는 (1) 생시(jāgrat)상태, (2) 꿈(svapna)상태, (3) 숙면(suṣupti)상태, (4) 제4(turīya)상태이다. 생시·꿈·숙면은 경험적 상태이고, 뚜리야는 실재적(초월적) 상태이다. 숙면은 꿈을 꾸지 않고 깊은 잠에 빠져 있는 제3상태이고 의식의 활동이 멈춘 상태이다. 만물의 죽음 또는 종지(終止)는 마치 숙면과 같다. 숙면상태는 세 가지 신체 가운데서 원인적 신체에 비견되고, 다섯 가지 덮개 가운데서 '환희로 이루어진 덮개'를 가진다.

prapañca: 복합현상계
'전시·전개·확장'을 뜻하는 이 용어는, 아드와이따 베단따에서 세계가 환영이라는 논리와 연관되어 실재인 브라흐만과 대립적인 의미로 자주 쓰인다. 다수성과 다양성을 본질로 하는 현상적 세계를 가리킨다.

▌해 설▐
본문 7.4에서 신(이슈와라)에 대한 여러 명칭들을 제시한 것에 이어, 여기에서는 집합적 무지에 대한 여러 명칭들과 그렇게 불리는 이유들을 제시한다.

**7.6** 숲이 개별적인 접근에 따라 나무들이라는 다수성으로 지시되듯이, 또는 호수가 개별적인 접근에 따라 물들이라는

다수성으로 지시되듯이, 마찬가지로 무지도 개별적인 접근에 따라 그것(무지)의 다수성으로 지시된다 – "인드라는 환술들을 통해 다양한 형상들로 나타난다"(르그 6.47.18)라는 등의 계시서 때문이다.

yathā vanasya vyaṣṭyabhiprāyeṇa vṛkṣā ity anekatvavyapadeśo yathā vā jalāśayasya vyaṣṭyabhiprāyeṇa jalānīti tathājñānasya vyaṣṭyabhiprāyeṇa tadanekatvavyapadeśaḥ "indro māyābhiḥ pururūpa īyate" ityādiśruteḥ ‖ 7.6 ‖

▌주 석▌

**māyā: 환술(幻術), 환영(幻影)**

일종의 환술적 힘을 가리키는 이 용어는 후기 아드와이따 베단따에서 'ajñāna', 'avyakta' 등과 같은 원물질을 지시하는 수많은 용어들과 유의적으로 쓰인다. 허구적 세계를 낳는 브라흐만(하위 브라흐만)의 힘을 가리키는 동시에, 세계의 허구성 자체를 가리키기도 한다. 곧 'māyā'는 창조(전개)의 힘으로서 환술을 뜻하거나 세계의 비-실재성으로서 환영을 뜻한다.

▌해 설▌

본문 7.2에서 집합적 무지를 설명하기 위한 예시들을 보여 준 다음, 여기에서는 그 반대로 개별적 무지를 설명하기 위한 예시들을 보여 준다. 최고의 신인 인드라가 환술을 통해 다양한 형상들로 나타난다고 계시되듯이, 무지는 개별자들에게 다수성으로 현현하여 존재한다. 브라흐만은 단일하지만 다수의 개별적 무지와 함께 다수의 개별자가 존재하는 것이다.

**7.7** 이(무지) 경우에 [각각] 나누어지고 합해진 채로 충만한 것이기 때문에 개별성과 집합성으로 지시된다.

atra vyastasamastavyāpitvena vyaṣṭisamaṣṭitāvyapadeśaḥ ‖ 7.7 ‖

▮ 해 설 ▮

무지의 개별성은 무지가 나누어진 채로 충만한 것이고, 무지의 집합성은 무지가 합해진 채로 충만한 것이다.

**7.8** 이러한 개별적 [무지는] 열등한 한정자임으로 말미암아 불순한 삿뜨와 [구나]의 우세를 [보인다].

iyaṃ vyaṣṭir nikṛṣṭopādhitayā malinasattvapradhānā ‖ 7.8 ‖

▮ 해 설 ▮

집합적 무지가 우등한 한정자인 반면에(본문 7.3), 개별적 무지는 열등한 한정자이다. 순수한 삿뜨와 구나의 우세가 있는 집합적 무지와는 달리, 개별적 무지의 경우에는 다른 두 구나의 폐해로 말미암아 불순한 삿뜨와 구나의 우세가 있다.

**7.9** 이것(개별적 무지)에 의해 한정된 순수의식은 미미한 지식, 결여된 권능 등의 특성을 가진 것이고, 하나의 무지에 대한 조명체임으로 말미암아 쁘라즈냐라고 불린다.

etadupahitaṃ caitanyam alpajñatvānīśvaratvādiguṇakaṃ prājña ity ucyata ekājñānāvabhāsakatvāt ‖ 7.9 ‖

■ 주 석 ■

prājña: 쁘라즈냐(개별지성)
일반적으로 '탁월하게 앎'(prakarṣeṇa jānāti)이라고 풀이되는 'prajña'가 곧 'prājña'이다. 우빠니샤드와 샹까라의 저작에서도 'prājña'는 지성, 지혜의 뜻으로 쓰인다. 그러나 이 책에서는 '대부분(prāyeṇa) 알지 못함(ajñaḥ)' 즉 '앎이 거의 없음'이라는 정반대의 뜻을 가진다. 신의 전지성에 반대되는 개별자(jīva)의 미미한 지성을 나타내기 위해 후대에 창안된 개념으로 보인다.

■ 해 설 ■

본문 7.4에서 '집합적 무지에 의해 한정된 순수의식'을 이슈와라(신)라고 규정한 다음, 여기에서는 '개별적 무지에 의해 한정된 순수의식'을 쁘라즈냐(개별지성)라고 규정한다. 이슈와라의 전지성 · 전능성 등과 달리 쁘라즈냐는 '미미한 지식'(alpajñatva)과 '결여된 권능'(anīśvaratva)을 특징으로 한다. 또한 이슈와라는 모든 무지들에 대한 조명체인 반면에 쁘라즈냐는 하나의 무지에 대한 조명체이다.

**7.10** 불분명한 한정자를 가짐으로써 광명의 결핍이 있기 때문에, 그것은 쁘라즈냐(앎이 거의 없음)이다.

asya prājñatvam aspaṣṭopādhitayānatiprakāśakatvāt ‖ 7.10 ‖

■ 해 설 ■

'그것'이란 '개별적 무지에 의해 한정된 순수의식'을 가리킨다. 개별적 무지 자체가 삿뜨와 구나가 아닌 라자스와 따마스 구나의 우세를 보이기 때문에(본문 7.8), '개별적 무지에 의해 한정된 순수의식'은 라자스와 따마스 구나의 불분명함(모호함)을 특징으로 하는 한정자(개별적 무지)를 가진 셈이다. 그래서 광명, 즉 자명한 지식의 결핍이 있기 때문에 '그것'은 미미하고 제한된 지식을 가진 쁘라즈냐라고 불린다.

원문에는 본문 7.10과 7.11이 하나의 문장으로 이루어져 있다. 하지만 내용으로 보아 두 문장이라는 것이 분명하기 때문에 나눈다.

**7.11** 그것(쁘라즈냐)에 관한 이것(개별적 무지) 또한, 자아관념 등의 원인임으로 말미암아 원인적 신체라고 말해지고, 환희로 충만한 것이며 덮개처럼 덮는 것임으로 말미암아 '환희로 이루어진 덮개'라고 말해지고, 만물의 죽음임으로 말미암아 숙면[상태]라고 말해지고, 또 바로 그 이유로부터 현시적이고 미시적인 신체의 복합현상계가 소멸하는 장이라고 말해진다.

asyāpīyam ahaṅkārādikāraṇatvāt kāraṇaśarīram ānandapracuratvāt kośavad ācchādakatvāc cānandamayakośaḥ sarvoparamatvāt suṣuptir ata eva sthūlasūkṣmaśarīraprapañcalayasthānam iti cocyate ‖ 7.11 ‖

▮ 주 석 ▮

**ahaṅkāra**: 자아관념

'마음'(manas), '지능'(citta), '지성'(buddhi)과 함께 아드와이따 베단따의 네 가지 내적기관(antaḥkaraṇa)을 이룬다. '나'라는 관념, 즉 개인성·개체성이라는 관념을 형성시키는 기관을 가리킨다. 곧 자기를 어떠한 것이라고 상정하는 자기상정을 본질로 하는 내적기관의 변형이다. 자아관념 등의 내적기관들은, 숙면상태에서는 개별적 무지로 들어가고, 생시상태와 꿈상태에서는 개별적 무지로부터 나온다.

sthūlaśarīra: 현시적 신체

개별자를 이루는 세 종류의 신체 가운데 하나로서, 태생・난생・토생・습생의 네 종류가 있다(본문 16.2). 이 신체는 음식의 변형체임으로 말미암아 5덮개 가운데 첫 번째인 '음식으로 이루어진 덮개'(annamaya-kośa)라고 불린다. 그리고 현시적인 것들을 경험하는 장이기 때문에 생시상태라고 언명된다(본문 17.3, 17.5).

sūkṣmaśarīra: 미시적 신체

개별자를 이루는 세 종류의 신체 가운데 하나로서, 열일곱 개 부분으로 구성된다(본문 13.1). 5지식기관, 지성, 마음, 5행위기관, 그리고 5숨이 그것들이다(13.2). 이러한 연관에서 이 신체는 세 가지 덮개가 합해진 것이다. 곧 5덮개 가운데서 두 번째인 '숨으로 이루어진 덮개'(prāṇamayakosa), 세 번째인 '마음으로 이루어진 덮개'(manomayakośa), 네 번째인 '인식으로 이루어진 덮개'(vijñānamayakośa)가 결합한 것이 미시적 신체이다. 생시상태의 인상으로 이루어진 것이기 때문에 꿈상태라고 언명된다(본문 14.3, 14.5).

■ 해 설 ■

본문 7.5에서 집합적 무지에 관해 언급한 것과 비슷한 내용이다. 다만 집합적, 대우주적 관점과 개별적, 소우주적 관점이 차이점을 만들 뿐이다. 집합적 무지와 개별적 무지 사이의 두 가지 다른 점은, 개별적 무지가 '자아관념 등'(내적기관들)의 원인이기 때문에 '쁘라즈냐의 원인적 신체'라는 것이고 '현시적이고 미시적인 신체와 같은 복합현상계'가 소멸하는 장이라는 것이다. 두 가지 모두 개별적, 소우주적 관점에서 보는 특징들이다.

기쁨과 고통을 함께 경험하는 생시상태나 꿈상태와는 달리 숙면상태에서는 환희만이 가득하다. 그리고 만물의 죽음 즉 만물의 귀일이 숙면상태에서 이루어지며, 그 귀일은 바로 현현된 세계가 잠재적 세계로 돌아가는 것을 뜻한다. 이는 현시적 신체와 미시적 신체가 원인적 신체로 돌아가는 것을 가리킨다. 본문 7.5와 여기에서 알 수 있듯이, '무지', '원인적 신체', '환희로 이루어진 덮개', '숙면상태'와 같은 용어들은 모두 유의적이다.

## 8. 집합과 개별의 무-차이

**8.1** 그(숙면상태) 경우에 이러한 이슈와라와 쁘라즈냐는, 순수의식에 의해 비춰진 아주 미시적인 무지의 변형들을 통해 환희를 경험한다 – "환희의 향유자이고 마음의 입구인 쁘라즈냐이다"(만두-우 5)라는 계시서 때문이며, 또한 '나는 행복하게 잤다. 나는 아무것도 알지 못했다'라고 깨어난 자가 [환희를] 상기하는 것에서 추리되기 때문이다.

tadānīm etāv īśvaraprājñau caitanyapradīptābhir atisūkṣmābhir ajñānavṛttibhir ānandam anubhavataḥ "ānandabhuk cetomukhaḥ prājñaḥ" iti śruteḥ sukham aham asvāpsaṃ na kiñcid avediṣam ity utthitasya parāmarśopapatteś ca ‖ 8.1 ‖

▒ 주 석 ▒

ajñānavṛtti: 무지의 변형

먼저 쁘라즈냐(개별지성)의 경우, 숙면상태에서는 내적기관들이 무지로 들어가서 활동하지 않으며, 아뜨만은 또 본질적으로 부동의 존재이다. 이로 말미암아 환희를 경험하는 것은 무지의 변형(vṛtti)을 통해서이다. 하지만 숙면상태에서 하는 경험은 무지의 변형 그 자체만으로 불가능하고 무지의 변형에 '반사된 순수의식'(pratibimbita-caitanya, cit-pratibimba)이 함께해야만 가능하다. 무지의 이 변형은 아주 미시적인(불분명한) 형태이며, 경험한 것을 다시 순수의식(아뜨만)에 반사한다. 그와 달리 이슈와라(신)의 경우에는 내적기관들이 없으며, 그의 모든 지식은 '무지의 변형' 또는 '환술의 변형'(māyā-vṛtti)인 형태이다. 따라서 이슈와라는 자신에게 속한 그러한 변형을 통해 자기 자신의 환희를 경험한다.

한편, 숙면상태에서 하는 경험이 '무지의 변형'과 '무지의 변형에 반사된 순수의식'의 연합으로 가능해진다면, 생시상태와 꿈상태에서 하는 경험은 '내적기관의 변형'(antaḥkaraṇa-vṛtti) 즉 '의식의 변형'(citta-vṛtti)과 '내적기관의 변형에 반사된 순수의식'의 연합으로 가능해진다.

cetomukha: 마음의 입구

마음(cetas)이라는 것은 생시(제1)상태와 꿈(제2)상태에서 경험한 것들을 뜻한다. 숙면(제3)상태 또는 쁘라즈냐는 이러한 마음으로서의 경험들이 들어오는 입구이다.

▒ 해 설 ▒

숙면상태에서는 이슈와라와 쁘라즈냐 모두 환희를 경험한다. 계시서를 통한 논증과 추리를 통한 논증 모두에서, 숙면상태의 쁘라즈냐가 특정한 경험을 하고 있다는 사실을 알 수 있다. 무엇보다 깊은 숙면을 취하고 깨어난 자가 '나는 행복하게 잤다. 나는 아무것도 알지 못했다'라고 상기(기억)하는 경우에, 그는 분명히 환희('행복')를 경험했으며 무지('아무것도 알지 못함')를 또한 경험했다고 볼 수 있다. 무지는 곧 '환희로 이루어진 덮개'이다.

**8.2** 이러한 집합적 [무지와] 개별적 [무지] 사이에는, 숲과 나무 사이와 같이, 또는 호수와 물 사이와 같이, 차이가 없다.

anayoḥ samaṣṭivyaṣṭyor vanavṛkṣayor iva jalāśayajalayor iva vābhedaḥ ‖ 8.2 ‖

▮ 주 석 ▮

abheda: 차이 없음(무-차이)

'아드와이따 베단따'라는 명칭에서 'advaita'가 일원성이라기보다 비-이원성이듯이, 'abheda'는 동일함이라기보다 차이가 없음 즉 무-차이이다. 물론 의미로 보아 '동일함'과 '차이가 없음'은 다르지 않다.

사실 아드와이따 베단따에서 무-차이(abheda)는 한정대상(viśeṣya, 한정되는 것) 사이의 동일성 즉 이슈와라(신)와 쁘라즈냐(개별자)의 근저인 두 순수의식 사이의 동일성이다. 결코 이슈와라와 쁘라즈냐 사이의 동일성이 아니다. 두 한정물(viśeṣaṇa, 한정의 결과인 것)인 이슈와라와 쁘라즈냐 사이의 관계는 '차이 겸 무-차이'(bhedābheda) 또는 '유-차이 동일성'(tādātmya)일 뿐이다. '차이 겸 무-차이'라는 것은 현상적인 차이가 있음과 동시에 실재적인 동일성이 있음을 말한다. 한편,

여기에서 말하는 한정자(upādhi, 한정하는 것)인 집합적 무지와 개별적 무지의 관계 또한 '차이 겸 무-차이'이지만, 그것들은 비-지각(jaḍa)이기 때문에 이슈와라와 쁘라즈냐 사이의 '차이 겸 무-차이'와는 다르다. 이슈와라와 쁘라즈냐는 실재적 관점에서 모두 순수의식이지만, 집합적 무지와 개별적 무지는 실재적 관점에서 허구에 지나지 않기 때문이다.

▮ 해 설 ▮

숲과 나무 사이에 차이가 없는 것과 마찬가지로, 또 호수와 물 사이에 차이가 없는 것과 마찬가지로, 집합적 무지와 개별적 무지 사이에도 차이가 없다.

**8.3** 이것들에 의해 [각각] 한정된 이슈와라와 쁘라즈냐 사이에도, 숲과 나무에 둘러싸인 [각각의] 허공 사이와 같이, 또는 호수와 물에 존재하는 [각각의] 반사된 허공 사이와 같이, 차이가 없다 — "그것(쁘라즈냐)은 만물의 신이고"(만두-우 6)라는 등의 계시서 때문이다.

etadupahitayor īśvaraprājñayor api vanavṛkṣāvacchinnākāśayor iva jalāśayajalagatapratibimbākāśayor iva vābhedaḥ "eṣa sarveśvara" ityādiśruteḥ ‖ 8.3 ‖

▮ 해 설 ▮

'이것들'이란 본문 8.2에서 말하는 집합적 무지와 개별적 무지이다. 집합적 무지와 개별적 무지 사이에 차이가 없는 것과 마찬가지로, 이슈와라와 쁘라즈냐 사이에도 차이가 없다. 예컨대, '숲(집합적 무지)에 둘러싸인 허공'(이슈와라)과 '나무(개별적 무지)에 둘러싸인 허공'(쁘라즈냐) 사이에는 차이가 없다. 또, 호수에 존재하는 반사된(비친) 허공과 물에 존재하는 반사된(비친) 허공 사이에도 차이가 없다. 허공 자체의 관점 즉 실재적 관점에서 보자면, 숲이나 나무, 호수나 물과 같은 한정자들에 의해 한정된 허공들은 아무런 차이가 없는 허공에 지나지 않는다는 것이다.

집합적 무지, 개별적 무지와 같은 한정자에 의해 '한정되는 것'은 순수의식이다. 그리고 한정의 결과로서 산출된 것인 이슈와라와 쁘라즈냐는 '한정된 것'이다. 순수의식은 '한정되는 것'으로서 한정대상(viśeṣya)이고, 이슈와라와 쁘라즈냐는 '한정된 것'으로서 결과 즉 한정물(viśeṣaṇa)이다. 여기에서 무-차이는 서로 다른 한정물들이 동일한 한정대상을 가짐으로써 가능하다.

## 9. 순수의식으로서 뚜리야

**9.1** '숲과 나무'와 '그것들에 둘러싸인 허공들' 또는 '호수와 물'과 '그것들에 존재하는 반사된 허공들'의 근저인 것으로서 한정되지 않은 허공처럼, 그러한 '무지들'과 '그것들에 의해 한정된 순수의식들'의 근저인 것으로서 한정되지 않은 순수의식은 뚜리야라고 불린다 – "제 4 인 것을 상서로우며 비-이원적이라고 생각한다"(만두-우 7)라는 등의 계시서 때문이다.

vanavṛkṣatadavacchinnākāśayor jalāśayajalatadgatapratibimbākāśayor vādhārabhūtānupahitākāśavad anayor ajñānatadupahitacaitanyayor ādhārabhūtaṃ yad anupahitaṃ caitanyaṃ tat turīyam ity ucyate "śivam advaitaṃ caturthaṃ manyante" ityādiśruteḥ ‖ 9.1 ‖

▮ 주 석 ▮

turīya: 뚜리야

어원적으로 '제 4'를 뜻하는 'caturīya'에서 'ca'가 탈락한 형태이다. 의식의 세 가지 상태(avasthātraya), 즉 생시상태·꿈상태·숙면상태의 근저가 되는 순수의식의 상태이다. 앞의 세 가지 상태는 개별적 영혼이 경험하는 상태이고, 제 4 상태인 뚜리야는 궁극적 영혼인 아뜨만의 상태이다.

《만두끄야 우빠니샤드》(Māṇḍūkya-upaniṣad)에서는 의식의 세 가지 상태에 대해 각각의 명칭을 부여한다. 생시상태는 'viśva'(萬物), 꿈상태는 'taijasa'(光輝), 숙면상태는 'prājña'(知性)이다.

▮ 해 설 ▮

'숲과 나무'의 근저이고, '숲과 나무라는 한정자들에 둘러싸인 허공들'의 근저인 허공이 있다. '호수와 물'의 근저이고, '호수와 물이라는 한정자들에 반사된 허공들'의 근저인 허공이 있다. 근저로서 허공은 그 무엇에 의해서도 한정되지 않은 것이다. 마찬가지로, '무지들'(집합적 무지, 개별적 무지)의 근저이고, '무지들에 의해 한정된 순수의식들'(이슈와라, 쁘라즈냐)의 근저인 순수의식이 있다. 근저로서 순수의식은 그 무엇에 의해서도 한정되지 않은 것이다. 이것이 바로 뚜리야(제 4)이다.

사실 그 무엇에 의해서도 '한정되지 않은 허공'은, 한정자들에 의해 둘러싸이거나 반사된 여러 허공들만의 근저이다. 그 허공이 숲, 나무, 호수, 물의 근저일 수는 없다. 왜냐하면 그 허공은 질료인이 아니기 때문이다. 그럼에도 '한정되지 않은 허공'이 없이는 숲, 나무, 호수, 물이 존재할 수 없으므로 그것들의 근저라고도 부를 수 있다.

**9.2** 순수한 의식으로서 바로 이 뚜리야가, 붉게 단 쇠구슬처럼 '무지 등'과 '그것에 의해 한정된 순수의식'으로부터 구별되지 않고 있으면 대문구의 명시적 의미라고 말해지고, 또 구별되고 있으면 함축적 의미라고 말해진다.

iyam eva turīyaṃ śuddhacaitanyam ajñānāditadupahitacaitanyābhyāṃ taptāyaḥpiṇḍavad aviviktaṃ san mahāvākyasya vācyaṃ viviktaṃ sal lakṣyam iti cocyate ‖9.2‖

▌주 석▐

mahāvākya: 대문구(大文句)

베단따(우빠니샤드) 문구 가운데서 개별자와 브라흐만의 동일성을 교훈하는 문구를 특별히 대문구라고 부른다. 대문구에 대한 이해가 없이는 그 누구도 아드와이따 베단따를 알고 있다고 말해서는 안 될 만큼, 아드와이따 베단따에서 대문구의 중요성은 아무리 강조해도 지나치지 않다. 열두 가지 대문구를 말하는 저작들도 있지만, 주로 네 가지 대문구가 널리 알려져 있다. (1) '그것이 너이다'(tat tvam asi), (2) '나는 브라흐만이다'(ahaṃ brahmāsmi), (3) '이 아뜨만은 브라흐만이다'(ayam ātmā brahma), (4) '이 모든 것은 실로 브라흐만이다'(sarvaṃ khalv idaṃ brahma).

한편, 이러한 네 가지 대문구를 4종의 베다와 연관시킬 경우에는, (4) 대신에 (5) '지성(의식)은 브라흐만이다'(prajñānaṃ brahma)는 문구를 쓴다. (1)은 《사마 베다》(Sāma-veda)에 속한 《찬도그야 우빠니샤드》 6.8.7, (2)는 《야주르 베다》(Yajur-veda)에 속한 《브르하다란야까 우빠니샤드》 1.4.10, (3)은 《아타르와 베다》(Atharva-veda)에 속한 《만두끄야 우빠니샤드》 2, (5)는 《르그 베다》(Ṛg-veda)에 속한 《아이따레야 우빠니샤드》(Aitareya-upaniṣad) 3.3에 나오는 문구이다.

vācya: 명시적 의미
말의 세 가지 힘(기능) 가운데서 축어적 힘인 'abhidhā'에서 기원하는 것이다. 말의 직접적 의미이고 일차적 의미이다. 예컨대, 본문의 '붉게 단 쇠구슬'(taptāyaḥpiṇḍa)에서 쇠(ayas)는 명시적, 직접적, 일차적 의미의 쇠를 가리킨다.

말의 세 가지 힘은 축어적 힘(abhidhā), 함축적 힘(lakṣaṇā), 기호적 힘(vyañjanā)이다. 이것들로부터 각각 명시적 의미(vācya), 함축적 의미(lakṣya), 암시적 의미(vyaṅgya)가 생긴다.

lakṣya: 함축적 의미
말의 세 가지 힘(기능)들 가운데서 함축적 힘인 'lakṣaṇā'로부터 기원하는 것으로서, 간접적 의미이고 이차적 의미이다. 예컨대, '쇠가 뜨겁다'라고 말할 경우에 그 문구의 의미는 '붉게 단 쇠의 열기가 뜨겁다'이다. 쇠는 곧 열기를 함축하고 있다. 따라서 '쇠가 뜨겁다'는 문구에서 쇠는 명시적, 직접적, 일차적 의미의 쇠가 아니라 함축적, 간접적, 이차적 의미의 열기를 가리킨다.

■ 해 설 ■

'붉게 단 쇠구슬'에서 불과 쇠의 구별은 거의 불가능하다. 그처럼 '뚜리야'(순수의식)가 '무지 등과 그것들에 의해 한정된 순수의식'으로부터 구별되지 않으면, 대문구의 명시적 의미가 알려진다. 그렇지만 불과 쇠의 구별이 여전히 가능하듯이 전자가 후자로부터 구별되면, 대문구의 함축적 의미가 알려진다.

이 경우에 적합한 예시는 개별자와 브라흐만의 동일성을 말하는 '그것이 너이다'(tat tvam asi)라는 대문구이다. 우선 '그것'(tat)이라는 말에서 '무지의 집합', '그것에 의해 한정된 순수의식', '한정되지 않은 순수의식'(뚜리야)이라는 세 가지 의미가 구별되지 않을 때 그 세 가지는 단일하게 나타나면서 그 말의 명시적 의미라고 말해진다(본문 22.2). 그리고 '너'(tvam)라는 말에서 '무지의 개별', '그것에 의해 한정된 순수의식', '한정되지 않은 순수의식'(뚜리야)이라는 세 가지 의미가 구별되지 않을 때, 그 세 가지는 단일하게 나타나면서 그 말의 명시적 의미라고 말해진다(본문 22.4). 반면에 '그것'이라는 말이나 '너'라는 말에서 '한정되지 않은 순수의식'(뚜리야)이 다른 두 가지 의미로부터 구별되면, 그 '한정되지 않은 순수의식'은 두 말 각각의 함축적 의미라고 말해진다(본문 22.3, 22.5). 두 말이 모두 '한정되지 않은 순수의식'이라는 함축적 의미를 가지고 있으므로 두 말 사이의 동일성은 함축적 의미를 통해 확보된다고 말할 수 있다.

## 10. 무지의 은폐력과 산출력

**10.1** 이 무지는 은폐와 산출이라고 불리는 두 가지 동력을 가진다.

asyājñānasyāvaraṇavikṣepanāmakam asti śaktidvayam ‖ 10.1 ‖

▩ 주 석 ▩

āvaraṇaśakti: 은폐력

이 동력은 브라흐만·아뜨만의 본질을 은폐하는 힘이다. 샹까라는 은폐력과 산출력이라는 개념들을 쓰지 않지만, 그와 동시대의 아드와이따 베단따 학자인 만다나 미슈라(Maṇḍana Miśra)는 《브라흐마 싯디》(Brahma-siddhi)에서 이 두 가지 동력을 말한다.

vikṣepaśakti: 산출력

이 동력은 '브라흐만·아뜨만과 다른 것'을, 즉 '명칭과 형태의 환영적 세계'를 산출하는 힘이다.

▩ 해 설 ▩

본래의 것을 은폐하고 다른 것을 산출하는 무지의 은폐력과 산출력은, 각각 인식에서 몰이해(결핍된 앎)와 오해(잘못 앎)에 대응한다.

**10.2** 먼저 은폐력은, 예컨대 작은 구름조차 '여러 요자나인 거대한 태양 구체'를 관찰자의 시계로부터 가림으로써 은폐하는 것과 같이, 마찬가지로 제한된 무지 또한 '제한되지 않고 윤회로부터 자유로운 아뜨만'을 관찰자의 지성으로부터 가림으로써 은폐하는 것과 같다 – 그와 같은 힘이다. 그래서 "구름에 덮인 시야를 가진 극도로 무지한 자가 구름에 덮인 태양을 광채 없는 것이라고 생각하듯이, 마찬가지로 무지의 시야를 가진 자에게 속박된 것처럼 보이는 것은 영원한 지각(지식)을 본질로 하는 '나'로서

의 아뜨만이다"(하스따 10)라고 말해진다.

āvaraṇaśaktis tāvad alpo 'pi megho 'nekayojanāyatam āditya-maṇḍalam avalokayitṛnayanapathapidhāyakatayā yathācchādaya-tīva tathājñānaṃ paricchinnam apy ātmānam aparicchinnam asaṃsāriṇam avalokayitṛbuddhipidhāyakatayācchādayatīva tādṛśaṃ sāmarthyam | tad uktam—

"ghanacchannadṛṣṭir ghanacchannam arkaṃ
yathā manyate niṣprabhaṃ cātimūḍhaḥ |
tathā baddhavad bhāti yo mūḍhadṛṣṭeḥ
sa nityopalabdhisvarūpo 'ham ātmā" iti ‖ 10.2 ‖

▌주 석▐

yojana: 요자나

거리를 나타내는 단위로서 1 요자나는 약 9 마일이다.

▌해 설▐

작은 구름 조각이 거대한 태양을 은폐하듯이 제한된 무지도 제한되지 않은 아뜨만을 은폐한다. 실재인 아뜨만을 은폐하는 힘이 바로 은폐력이다. 인용 문구에서는, 무지한 자가 무지의 은폐력으로 말미암아 영원한 지각을 본질로 하는 아뜨만을 속박된 것처럼 여긴다고 말한다.

**10.3** 제한된 아뜨만에 대해 행위주체이고, 향유주체이며, 기쁨과 고통과 미망을 본질로 하는 공허한 윤회[세계]라고 상상하는 것 또한, 바로 이러한 은폐력 때문에 가능해진

다 – 예컨대, 은폐된 밧줄에 대해 뱀이라고 상상하는 것은 자신의 무지 때문이다.

anayaivāvaraṇaśaktyāvacchinnasyātmanaḥ kartṛtvabhoktṛtvasu-khaduḥkhamohātmakatucchasaṃsārabhāvanāpi sambhāvyate yathā svājñānenāvṛtāyāṃ rajjvāṃ sarpatvasambhāvanā ‖ 10.3 ‖

▮ 해 설 ▮

본래 제한되지 않은 아뜨만을 제한하는 것은 무지의 은폐력 때문이다. 그리고 은폐력에 의해 제한된 아뜨만을, 행위주체이고 향유주체이며, 기쁨 · 고통 · 미망을 특징으로 하는 공허한 윤회세계라고 상상하는 것 또한 그 은폐력 때문에 가능해진다. 사실 이와 같이 상상하는 것은 은폐력의 기능이라기보다 산출력의 기능에 더 가깝다. 여기에서는 은폐력이 먼저 작용함으로써 그 연장선상에서 산출력 또한 곧이어 작용한다는 점을 강조하는 것처럼 보인다.

**10.4** 한편 산출력은, 예컨대 밧줄에 관한 무지가 그 자체의 동력으로 '그 자체에 의해 은폐된 밧줄'에서 뱀 등의 [형상을] 산출하듯이, 마찬가지로 무지 또한 산출력으로 '그 자체에 의해 은폐된 아뜨만'에서 에테르 등의 복합현상계를 산출한다 – 그와 같은 힘이다. 그래서 "산출력은 표식신체에서 시작하여 원초적 알로 끝나는 세계를 창조할 수 있다"(바끄야 13)라고 말해진다.

vikṣepaśaktis tu yathā rajjvajñānaṃ svāvṛtarajjau svaśaktyā sarpādikam udbhāvayaty evam ajñānam api svāvṛtātmani vikṣe-

paśaktyākāśādiprapañcam udbhāvayati tādṛśaṃ sāmarthyam ǀ
tad uktam –
"vikṣepaśaktir liṅgādi
brahmāṇḍāntaṃ jagat sṛjet" iti ‖ 10.4 ‖

▌주 석▐

**liṅga: 표식신체**

어원적으로 '표식'이지만 표식신체를 뜻한다. 이것으로부터 순수의식 또는 내적 아뜨만이 알려지기(liṅgyat) 때문에 표식(liṅga)이며, 그것은 바로 표식으로서의 신체 즉 표식신체(liṅga-śarīra)이다. 미시적 신체(sūkṣma-śarīra)의 유의어로서, 현시적이고 가시적인 신체에 대해 소멸되지 않는 본래적 신체를 가리킨다.

**brahmāṇḍa: 원초적 알**

직역하면 '브라흐마의 알'인 원초적 알은 만물의 원천이다. 하늘 위와 땅 아래의 두 개 반구를 대변하는 두 개 황금 용기로 이루어진 것이다. 세계(우주) 자체를 가리키기도 한다.

▌해 설▐

어둠 속에 놓인 밧줄을 밧줄이 아닌 것으로 보는 경우에, 밧줄에 대한 무지가 뱀이라는 형상을 산출한다. 그와 같이 무지가, 실재인 아뜨만에서, 아뜨만과 다른 것인 복합현상계를 산출하는 힘(동력)을 산출력이라고 부른다. 인용 문구에서 보이듯이, 브라흐만・아뜨만을 제외한 세상 만물은 무지의 산출력이 창조한 것이다.

## 11. 동작인과 질료인

**11.1** '두 가지 동력을 가진 무지'에 의해 한정된 순수의식은, 그 자체가 주가 됨으로써 동작인이 되고, 또 그 자체의 한정자가 주가 됨으로써 질료인이 된다.

śaktidvayavadajñānopahitaṃ caitanyaṃ svapradhānatayā nimittaṃ svopādhipradhānatayopādānaṃ ca bhavati ‖ 11.1 ‖

▮ 해 설 ▮

세계의 존재는 은폐력과 산출력이라는 두 가지 동력을 가진 무지가 순수의식을 한정함으로써 가능하게 된다. 이러한 한정의 경우에 순수의식이 주(主)가 되는 측면에서는 세계의 동작인(動作因, nimitta)이 성립되고, '순수의식을 한정하는 것' 즉 '순수의식의 한정자'인 무지가 주가 되는 측면에서는 세계의 질료인(質料因, upādāna)이 성립된다. 얼핏 보기에는 브라흐만이 동작인이고 무지가 질료인이라고 말하는 것 같다. 하지만 브라흐만만을 유일한 실재로 인정하는 아드와이따 베단따에서는 브라흐만이 동작인인 동시에 질료인이 될 수밖에 없다.

세계의 제1원인에 관한 아드와이따 베단따의 학설은 '동일한 [브라흐만이 세계의] 동작인이고 질료인'(abhinna-nimittopādānatvam)이라는 식으로 요약될 수 있다. 오로지 의식체만이 동작인이 될 수 있기 때문에 브라흐만은 세계의 동작인이다. 게다가 브라흐만은 직접적인 질료인인 무지의 처소이기 때문에 세계의 질료인이기도 하다.

결국 브라흐만이 세계의 동작인이고 질료인이라는 사실은 경험적 관점에서 말해지는 것이다. 유일무이한 브라흐만만이 실재이므로 세계를 인과론적으로 설명할 경우에 원인은 반드시 브라흐만에서 찾아야 한다. 그래서 브라흐만은 동작인이고 질료인이어야만 한다. 그렇지만 동시에, 브라흐만을 제외한 만물은 비-실재이므로 브라흐만이 동작인이고 질료인이라는 것은 실재적 관점이 아니라 경험적 관점에 제한될 수밖에 없다. 실재적 관점에서는 무지도 비-실재이고 실재와 무지의 연계로 창조된 세계도 비-실재이다. 창조(전개) 자체가 비-실재로서 허구이다. 그러므로 실재적 관점에서는 인과론이 불가능하고, 경험적 관점에서만 인과론이 가능하다.

**11.2** 예컨대, 거미는 거미줄에 대해서 그 자신이 주가 됨으로써 동작인이 되고, 또 그 자신의 신체가 주가 됨으로써 질료인이 된다.

yathā lūtā tantukāryaṃ prati svapradhānatayā nimittaṃ svaśarīrapradhānatayopādānaṃ ca bhavati ‖ 11.2 ‖

▮ 해 설 ▮

거미 자신은 의식체이므로 거미줄에 대한 동작인이 되고, 거미의 신체 즉 의식체의 한정자는 거미줄이라는 질료를 직접 생산하므로 거미줄에 대한 질료인이 된다. 브라흐만을 거미 자신에, 무지(환술)를 거미 자신의 신체에 빗댄다.

## 12. 미시원소들

**12.1** 따마스 [구나] 우세의 '산출력을 가진 무지'에 의해 한정된 순수의식으로부터 에테르가 생성되고, 또 에테르로

부터 공기가, 공기로부터 불이, 불로부터 물이, 물로부터 흙이 생성된다 — "실로 이러한 아뜨만으로서의 그것(브라흐만)으로부터 에테르가 산출되었다"(따잇-우 2.1)라는 등의 계시서 때문이다.

tamaḥpradhānavikṣepaśaktimadajñānopahitacaitanyād ākāśa ākāśād vāyur vāyor agnir agner āpo 'dbhyaḥ pṛthivī cotpadyate "tasmād vā etasmād ātmana ākāśaḥ sambhūtaḥ" ityādiśruteḥ ‖ 12.1 ‖

▮ 해 설 ▮

3구나 가운데 따마스 구나는 무지의 비-지각성과 가장 가까운 것이다. 또한 비-지각성이란 복합현상계의 특징이다. 그래서 '따마스 구나의 우세 속에서 산출력을 가진 무지'가 순수의식과 연계되는 경우에 세계가 전개된다. 그 연계(한정)로부터 에테르가 산출되고, 이하 연쇄적으로 공기, 불, 물, 흙이 산출된다.

**12.2** 이것들(에테르 등)에서 비-지각의 우위가 관찰되기 때문에 이것들의 원인은 따마스 [구나의] 우세를 가진 것이다. 그 경우에, 삿뜨와, 라자스, 따마스 [구나들은] 원인 속성의 진행에 따라 이러한 에테르 등에서 생성된다.

teṣu jāḍyādhikyadarśanāt tamaḥprādhānyaṃ tatkāraṇasya | tadānīṃ sattvarajastamāṃsi kāraṇaguṇaprakrameṇa teṣv ākāśādiṣūtpadyante ‖ 12.2 ‖

■ 주 석 ■

**kāraṇaguṇaprakrama: 원인 속성의 진행**

인과 법칙에 따라 질료적 원인(kāraṇa)의 속성(guṇa)이 결과의 속성으로 진행(prakrama)된다는 원리이다. 원인의 속성과 이종적인(vijātīya) 속성이 아니라 그 속성과 동종적인(sajātīya) 속성만이 결과에서 산출되는 것을 말한다. 예컨대, '실'이라는 원인의 속성은 그것의 결과인 '천'에서 동종적인 속성만 산출한다.

■ 해 설 ■

에테르 등의 원소들에서는 비-지각(jāḍya)의 우위가 관찰된다. 따라서 에테르 등의 원인은, 무감각을 특징으로 하는 따마스 구나를 우세하게 가진 무지여야 한다. 그리고 창조가 일어나는 경우에, '원인 즉 무지에 의해 한정된 순수의식이 가지고 있는 3구나라는 속성'이 '결과 즉 에테르 등이 가지고 있는 3구나라는 속성'으로 진행되어 나타난다. 질료로서 원인은 본질적으로 그 결과와 동일하기 때문이다.

에테르 등의 원소들은 3구나 가운데서 따마스 구나의 우위를 가지고 있지만, 무지와 연계한 순수의식으로부터 생성되는 순서대로 따마스 구나의 비율이 다르게 나타난다. 에테르는 상대적으로 최소의 따마스 구나를 보유하고, 즉 그나마 상대적으로 최대의 삿뜨와 구나를 보유하고, 마지막 원소인 흙은 상대적으로 최대의 따마스 구나를 보유한다.

아드와이따 베단따의 인과론은 인중유과론(因中有果論)이다. 곧 결과(kārya)가 미리 원인에 존재(sat)한다는 '결과 선재설'(結果先在說, satkārya-vāda)의 관점이다. 원인 속성의 진행은 이러한 결과 선재설에 바탕을 두고 있는 것이다.

**12.3** 바로 이것들이 미시원소들, 기초원소들, 그리고 미-오합체들이라고 불린다.

etāny eva sūkṣmabhūtāni tanmātrāṇy apañcīkṛtāni cocyante ‖ 12.3 ‖

▌주 석▌

**apañcīkṛta: 미-오합체(未五合體)**

다섯 가지 미시원소들로 이루어진(결합된) 것이 오합체(pañcīkṛta, pañcī-karaṇa)이다. 따라서 오합체는 현시원소이다. 반면에 미시원소들은 이루어지기 이전, 즉 결합되기 이전의 상태를 말하는 것이므로 미-오합체이다.

▌해 설▌

에테르・공기・불・물・흙이 서로 결합하지 않은 상태일 경우, 그것들은 미시원소(sūkṣma-bhūta), 기초원소(tanmātra), 미-오합체라고 불린다.

**12.4** 이것들(미시원소들)로부터 미시적 신체들과 현시원소들이 생성된다.

etebhyaḥ sūkṣmaśarīrāṇi sthūlabhūtāni cotpadyante ‖ 12.4 ‖

▌주 석▌

**sthūlabhūta: 현시원소**

대원소(大元素, mahābhūta) 또는 오합체라고 불린다. 미시원소로서 에테르・공기・불・물・흙이 일정한 비율로 서로 결합한 상태일 경우에 에테르 · 공기 · 불 · 물 · 흙이라는 현시원소가 된다.

## 13. 미시적 신체들

**13.1** 미시적 신체들은 열일곱 개 부분들로서 표식신체들이다.

sūkṣmaśarīrāṇi saptadaśāvayavāni liṅgaśarīrāṇi ‖ 13.1 ‖

▮ 주 석 ▮

liṅgaśarīra: 표식신체

열일곱 개 부분들(5인식기관, 지성, 마음, 5행위기관, 5숨)로 이루어진 미시적 신체들은 내적 자아로서 아뜨만이 존재한다는 사실의 표식(liṅga)이 되므로 표식신체라고 불린다.

**13.2** 한편, [열일곱 개] 부분들은 5인식기관, 지성, 마음, 5행위기관, 그리고 5숨이다.

avayavās tu jñānendriyapañcakaṃ buddhimanasī karmendriyapañcakaṃ vāyupañcakaṃ ceti ‖ 13.2 ‖

▮ 주 석 ▮

vāyu: 숨

5원소 가운데 하나인 공기와는 다른 것이다. 생명 에너지 또는 생명 원리인 생기(生氣, prāṇa)로서의 숨을 말한다.

▮ 해 설 ▮

아드와이따 베단따와 달리 상크야 학파에서는 미시적 신체가 열여덟 개 부분들로 이루어진다고 한다. 그것들은 지성(buddhi), 즉 '위대한 것'(mahat), 자아관념(ahaṅkāra), 마음(manas), 5인식기관, 5행위기관, 5유(五唯)이다.

**13.3** 인식기관들은 귀・피부・눈・혀・코라고 알려진다.

jñānendriyāṇi śrotratvakcakṣurjihvāghrāṇākhyāni ‖ 13.3 ‖

▮ 주 석 ▮

jñānendriya: 인식기관

감각적 지식을 얻게끔 해 주는 다섯 가지 기관이다. 에테르로부터 귀가, 공기로부터 피부가, 불로부터 눈이, 물로부터 혀가, 흙으로부터 코가 전개(산출)된다. 각각의 인식기관들은 차례대로 소리, 감촉, 형태(색깔), 맛, 냄새에 관한 감각적 지식을 만들어 낸다.

**13.4** 이것들(인식기관들)은 에테르 등에 [존재하는] '삿뜨와 [구나] 성분들'의 개별로부터 각각 차례로 생성된다.

etāny ākāśādīnāṃ sāttvikāṃśebhyo vyastebhyaḥ pṛthak pṛthak krameṇotpadyante ‖ 13.4 ‖

▮ 해 설 ▮

귀 등의 5인식기관은 에테르 등의 5미시원소 각각에 존재하는 삿뜨와 구나 성분들의 개별로부터 하나씩 대응하면서 차례로 생성된다. 예컨대, 귀는 에테르의 삿뜨와 구나 성분으로부터, 피부는 공기의 삿뜨와 구나 성분으로부터 생성된다.

**13.5** 지성이라는 것은 확정을 본질로 하는 '내적기관의 변형'이다.

buddhir nāma niścayātmikāntaḥkaraṇavṛttiḥ ‖ 13.5 ‖

▮ 주 석 ▮

antaḥkaraṇa: 내적기관

생각 · 감정 · 의지 등을 경험할 수 있도록 해 주는 내적인 수단들이다. 5미시원소(기초원소)의 삿뜨와 구나 성분들이 결합함으로써 생성되는 것이다(본문 13.8). 일반적으로 내적기관은 '마음'(manas), '자아관념'(ahaṅkāra), '지성'(buddhi)이라는 세 가지이지만, 아드와이따 베단따에서는 여기에 '지능'(citta)을 더해 네 가지 내적기관을 정립한다. 이 경우에 'citta'는 불교나 요가의 의식(마음)을 가리키는 것이 아니라 대상을 탐구하는 능력인 지능을 가리킨다. 이와 같은 네 가지 내적기관은, 《쁘라슈나 우빠니샤드》 4.8에서 5원소 · 5인식기관 · 5행위기관 · 4내적기관이 구체적으로 열거되는 가운데, 모두 언급된다. 《베단따 빠리바샤》 1장에서는 본디 하나인 내적기관이 '변형의 차이'(vṛtti-bheda)로 말미암아 이러한 네 가지로 불린다고 말한다. 마음, 자아관념, 지성, 지능은 각각 결정, 자아 형성하기, 확정, 생각하기라는 기능을 가진다(본문 17.6).

한편, 'citta'는 이 책에서 내적기관의 하나인 지능뿐만 아니라 의식을 가리키기도 한다. 본문 28편부터 32편까지 자주 언급되는 '의식의 변형'(citta-vṛtti)이 그러한 경우이다. 물론 이 경우에 'citta'는 마음, 자아관념, 지성, 지능 모두를 포괄하는 용어이고, 실재인 순수의식(caitanya)과는 다른 것이다.

▮ 해 설 ▮

분별과 숙고를 통하여 대상에 대해 확정하는 것을 임무로 삼는 '내적기관의 변형'(antaḥkaraṇa-vṛtti)이 지성이다.

**13.6** 마음이라는 것은 결정과 미결정을 본질로 하는 '내적기관의 변형'이다.

mano nāma saṅkalpavikalpātmikāntaḥkaraṇavṛttiḥ ‖ 13.6 ‖

▮ 해 설 ▮

어떤 대상에 대해 결정(saṅkalpa)하는 것은 의지나 욕망과 관계하고, 미결정(vikalpa)하는 것은 의심이나 의문과 관계한다. 결정과 미결정을 본질로 하는 내적기관의 변형이 마음이다.

**13.7** 바로 이것들(지성과 마음)에 지능과 자아관념이 [각각] 포함된다.

anayor eva cittāhaṅkārayor antarbhāvaḥ ‖ 13.7 ‖

▮ 주 석 ▮

citta: 지능

대상에 대한 탐구를 본질로 하는 내적기관의 변형이다. 대상에 대한 탐구는 지성의 영역에 포함될 수 있으므로 지능은 지성(buddhi)에 포함되기도 한다.

한편, 《찬도그야 우빠니샤드》 7.5.1부터 7.5.3과 7.6.1에서 'citta'는 단순히 지적인 능력 또는 지성을 뜻하는 것으로 쓰인다. 같은 책 7.26.1에서는, 아뜨만으로부터 산출되는 것들을 열거하는 가운데, 'citta'를 'vijñāna', 'manas' 등과 함께 언급한다. 《문다까 우빠니샤드》(Muṇḍaka-upaniṣad) 3.1.9에서 'citta'는 외적기관(prāṇa)에 대비되는 내적기관이라는 뜻으로 쓰이는 것처럼 보인다.

▮ 해 설 ▮

지능과 자아관념은 각각 지성과 마음에 포함될 수 있으므로, 지성과 마음이 두 가지 대표적인 내적기관이다.

지능과 자아관념에 관해서 추가로 설명하는 출판본도 있다. 그에 대한 정의는 이러하다. "지능은 탐구를 본질로 하는 내적기관의 변형이다(anusandhānātmikāntaḥkaraṇavṛttiḥ cittam ǀ). 자아관념은 자기상정을 본질로 하는 내적기관의 변형이다(abhimānātmikāntaḥkaraṇavṛttiḥ ahaṅkāraḥ ǀ)."

**13.8** 그리고 이것들(지성 등)은 에테르 등에 존재하는 '삿뜨와 [구나] 성분들'의 결합으로부터 생성된다.

ete punar ākāśādigatasāttvikāṃśebhyo militebhya utpadyante ‖ 13.8 ‖

▮ 해 설 ▮

지성 등의 내적기관들은 에테르 등의 5미시원소 각각에 존재하는 삿뜨와 구나 성분들이 모두 결합함으로써 생성된다. 5인식기관은 5미시원소 각각에 존재하는 삿뜨와 구나 성분들의 '개별'로부터 생성되고(본문 13.4), 내적기관들은 5미시원소 각각에 존재하는 삿뜨와 구나 성분들의 '결합'으로부터 생성된다. 인식의 과정에서 각각의 인식기관이 오직 각각의 감각과 접촉하는 반면에(예컨대, 귀는 오직 소리와, 눈은 오직 형태와 접촉한다), 내적기관은 모든 감각들과 관계한다. 이러한 사실로부터 내적기관들의 경우에 5미시원소 각각에 존재하는 삿뜨와 구나 성분들이 모두 결합함으로써 생성된다는 것은 정당하게 된다.

**13.9** 이것들은 광명을 본질로 하기 때문에 삿뜨와 [구나] 성분의 결과물이다.

eteṣāṃ prakāśātmakatvāt sāttvikāṃśakāryatvam ‖ 13.9 ‖

**▮ 해 설 ▮**

5인식기관과 내적기관들이 삿뜨와 구나 성분의 결과물이라고 말해지는 것은, 이것들이 모두 광명(prakāśa)을 본질로 하기 때문이다. 인도철학에서 광명은 일반적으로 지식(jñāna)과 유의적이다.

**13.10** 이 지성은 인식기관들과 함께 '인식으로 이루어진 덮개'가 된다.

iyaṃ buddhir jñānendriyaiḥ sahitā vijñānamayakośo bhavati ‖ 13.10 ‖

■ 해 설 ■

지성과 5인식기관은 인식(지식)과 관계하기 때문에 '인식으로 이루어진 덮개'(vijñānamayakośa)라고 불린다. '인식으로 이루어진 덮개'는 아뜨만을 덮는 다섯 가지 덮개 가운데 네 번째이다.

**13.11** 이것(인식으로 이루어진 덮개)은 스스로를 행위주체・향유주체・행복주체・불행주체 등으로 여김으로써 이 세상과 저 세상을 건너는 경험적 개별자라고 불린다.

ayaṃ kartṛtvabhoktṛtvasukhitvaduḥkhitvādyabhimānatvenehaloka-paralokagāmī vyāvahāriko jīva ity ucyate ‖ 13.11 ‖

■ 주 석 ■

vyāvahārika: 경험적

아드와이따 베단따에서 '실재적'(pāramārthika)이라는 용어와 대립적인 의미로 쓰인다. 행위・향유・행복・불행 등은 경험적인 영역에서 나타나는 것들이다.

■ 해 설 ■

'인식으로 이루어진 덮개'를 포함한 5덮개는 모두 아뜨만을 덮는다. 무엇보다 순수의식으로서의 아뜨만을 덮는 '지성과 5인식기관'은 아뜨만을 제한하여 경험의 '주체'라는 관념을 만들어 낸다. 곧 '인식으로 이루어진 덮개'는 스스로를 행위주체 등으로 여기는 잘못된 자기 상정을 한다. 그래서 이 덮개는 이 세상과 저 세상을 건너며 윤회를 거듭하는 경험적 개별자라고 불린다.

윤회의 주체가 되는 것은 '인식으로 이루어진 덮개'뿐만이 아니다. '인식으로 이루어진 덮개'와 함께 미시적 신체를 구성하는 '마음으로 이루어진 덮개'와 '숨으로 이루어진 덮개' 또한 윤회의 주체이다. 5덮개 가운데 세 가지 덮개로 이루어진 미시적 신체 전체가 윤회의 주체인 것이다.

**13.12** 한편, 마음은 인식기관들과 함께하면서 '마음으로 이루어진 덮개'가 된다.

manas tu jñānendriyaiḥ sahitaṃ san manomayakośo bhavati ‖ 13.12 ‖

▌해 설▐

지성과 5인식기관은 '인식으로 이루어진 덮개'(네 번째 덮개)가 되고, 마음과 5인식기관은 세 번째 덮개인 '마음으로 이루어진 덮개'(manomayakośa)가 된다.

**13.13** 행위기관들은 언어기관, 손, 발, 배설기관(항문), 생식기관이라고 알려진다.

karmendriyāṇi vākpāṇipādapāyūpasthākhyāni ‖ 13.13 ‖

**13.14** 그리고 이것들(행위기관들)은 에테르 등에 [존재하는] '라자스 [구나] 성분들'의 개별로부터 각각 차례로 생성된다.

etāni punar ākāśādīnāṃ rajoṃśebhyo vyastebhyaḥ pṛthak pṛthak krameṇotpadyante ‖ 13.14 ‖

▮ 해 설 ▮

언어기관 등의 5행위기관은 에테르 등의 5미시원소 각각에 존재하는 라자스(행위를 특징으로 함) 구나 성분들의 개별로부터 하나씩 대응하면서 차례로 생성된다. 예컨대, 언어기관은 에테르의 라자스 구나 성분으로부터, 손은 공기의 라자스 구나 성분으로부터 생성된다.

**13.15** 숨들은 전방 숨, 하강 숨, 순환 숨, 상승 숨, 동화 숨이다.

vāyavaḥ prāṇāpānavyānodānasamānāḥ ‖ 13.15 ‖

▮ 해 설 ▮

숨은 단순히 호흡과 관계된 것이라기보다 생명력이나 생명 에너지와 같다.

**13.16** 전방 숨이라는 것은 '앞쪽으로 가는 것'으로서 코끝의 자리에 머무른다.

prāṇo nāma prāggamanavān nāsāgrasthānavartī ‖ 13.16 ‖

**13.17** 하강 숨이라는 것은 '아래쪽으로 가는 것'으로서 항문 등의 자리에 머무른다.

apāno nāmāvāggamanavān pāyvādisthānavartī ‖ 13.17 ‖

**13.18** 순환 숨이라는 것은 '모든 쪽으로 가는 것'으로서 모든 신체에 머무른다.

vyāno nāma viṣvaggamanavān akhilaśarīravartī ‖ 13.18 ‖

■ 해 설 ■

순환 숨은 혈액 순환과 관계된 숨으로서 신체의 모든 부분에 존재한다.

**13.19** 상승 숨이라는 것은 목구멍의 자리에 있으며, '위쪽으로 가는 것'으로서 상승하는 숨이다.

udāno nāma kaṇṭhasthānīya ūrdhvagamanavān utkramaṇavāyuḥ ‖ 13.19 ‖

■ 주 석 ■

utkramaṇavāyu: 상승하는 숨

'utkramaṇa'는 상승의 의미와 별도로 이탈의 의미도 가진다. 곧 죽음이 발생할 경우에 미시적 신체가 이탈하는 통로가 바로 이 상승 숨의 자리인 것이다.

**13.20** 동화 숨이라는 것은 신체의 가운데 존재하며 먹고 마신 음식 등의 동화를 일으킨다.

samāno nāma śarīramadhyagatāśitapītānnādisamīkaraṇakaraḥ ‖ 13.20 ‖

■ 해 설 ■

동화 숨은 소화를 시키는 것 말고도, 체액 · 피 · 정액 · 배설물 등을 만드는 것과 관계가 있다.

**13.21** 한편, 혹자들은 나가 · 꾸르마 · 끄르깔라 · 데와닷따 · 다난자야라고 불리는 다른 다섯 가지 숨들이 존재한다고 말한다.

kecit tu nāgakūrmakṛkaladevadattadhanañjayākhyāḥ pañcānye vāyavaḥ santīti vadanti ‖ 13.21 ‖

■ 해 설 ■

상크야 학자들은 전방 숨, 하강 숨, 순환 숨, 상승 숨, 동화 숨이라는 5숨 말고도 나가 등과 같은 또 다른 다섯 가지 숨들이 존재한다고 주장한다.

**13.22** 그 가운데서 나가는 트림을 일으킨다. 꾸르마는 눈 깜박임을 일으킨다. 끄르깔라는 허기를 일으킨다. 데와닷따는 하품을 일으킨다. 다난자야는 영양 촉진을 일으킨다.

tatra nāga udgiraṇakaraḥ | kūrma unmīlanakaraḥ | kṛkalaḥ kṣutkaraḥ | devadatto jṛmbhaṇakaraḥ | dhanañjayaḥ poṣaṇakaraḥ ‖ 13.22 ‖

**13.23** 이것들은 전방 숨 등에 포함되기 때문에, 전방 숨 등의 오직 다섯 가지라고 혹자들은 [말한다].

eteṣāṃ prāṇādiṣv antarbhāvāt prāṇādayaḥ pañcaiveti kecit ‖ 13.23 ‖

▒ 해 설 ▒

나가 등의 다섯 가지 숨들은 전방 숨 등의 5숨에 포함되는 것들이기 때문에, 아드와이따 베단따 학자들은 오직 전방 숨 등의 5숨만을 주장한다. 데와닷따는 하강 숨에, 꾸르마는 순환 숨에, 나가는 상승 숨에, 끄르깔라와 다난자야는 동화 숨에 포함된다고 한다.

**13.24** 이러한 전방 숨 등의 다섯 가지는 에테르 등에 존재하는 '라자스 [구나] 성분들'의 결합으로부터 생성된다.

etat prāṇādipañcakam ākāśādigatarajoṃśebhyo militebhya utpadyate ‖ 13.24 ‖

▒ 해 설 ▒

에테르 등의 5미시원소 각각에 존재하는 라자스 구나 성분들의 개별로부터 생성되는 것은 5행위기관이다(본문 13.14). 전방 숨 등의 5숨은 에테르 등의 5미시원소 각각에 존재하는 라자스 구나 성분들이 모두 결합함으로써 생성된다.

**13.25** 이러한 전방 숨 등의 다섯 가지는 행위기관들과 함께 하면서 '숨으로 이루어진 덮개'가 된다. 이것(숨으로 이루어

진 덮개)은 행위를 본질로 하기 때문에 라자스 [구나] 성분의 결과물이다.

idaṃ prāṇādipañcakaṃ karmendriyaiḥ sahitaṃ sat prāṇamayakośo bhavati । asya kriyātmakatvena rajoṃśakāryatvam ॥ 13.25 ॥

**해 설**

전방 숨 등의 5숨은 5행위기관과 함께 '숨으로 이루어진 덮개'(prāṇamayakośa)가 된다. 이 덮개 즉 5숨과 5행위기관은 모두 행위를 본질로 하기 때문에 라자스 구나 성분의 결과물이라고 알려진다.

5덮개 가운데 네 번째인 '인식으로 이루어진 덮개'(vijñānamayakośa)는 지성과 5인식기관이다. 세 번째인 '마음으로 이루어진 덮개'(manomayakośa)는 마음과 5인식기관이다. 두 번째인 '숨으로 이루어진 덮개'(prāṇamayakośa)는 5숨과 5행위기관이다. 이 세 가지 덮개나 열일곱 개 부분(지성, 마음, 5인식기관, 5행위기관, 5숨)이 미시적 신체를 이룬다. 네 번째 덮개와 세 번째 덮개에서 지성과 마음(삿뜨와 구나 성분들의 결합), 그리고 5인식기관(삿뜨와 구나 성분들의 개별)은 삿뜨와 구나 성분들의 결과물이며, 두 번째 덮개에서 5숨(라자스 구나 성분들의 결합)과 5행위기관(라자스 구나 성분들의 개별)은 라자스 구나 성분들의 결과물이다.

**13.26** 이러한 덮개들 가운데, '인식으로 이루어진 것'은 지식력을 가진 것으로서 이른바 작인이다. '마음으로 이루어진 것'은 의지력을 가진 것으로서 이른바 수단이다. '숨으로 이루어진 것'은 행위력을 가진 것으로서 이른바 결과물이다. 이와 같은 구분은 그것들의 역량을 통해서라고

그들은 설명한다. 이러한 3덮개가 결합된 것이 미시적 신체라고 말해진다.

eteṣu kośeṣu madhye vijñānamayo jñānaśaktimān kartṛrūpaḥ | manomaya icchāśaktimān karaṇarūpaḥ | prāṇamayaḥ kriyāśaktimān kāryarūpaḥ | yogyatvād evam eteṣāṃ vibhāga iti varṇayanti | etat kośatrayaṃ militaṃ sat sūkṣmaśarīram ity ucyate || 13.26 ||

■ 주 석 ■

jñānaśakti: 지식력(知識力)

의지력・행위력과 함께 창조의 주체인 히란야가르바(Hiraṇyagarbha)의 세 가지 힘들을 이룬다. 히란야가르바는 창조의 과정에서, 지식력으로 모든 대상에 대한 관념을 가지고, 의지력으로 동작과 부동의 양상을 제어하고, 행위력으로 세계를 직접적으로 창조한다.

지성은 아뜨만의 본질인 순수의식(순수지식)과 비슷하기 때문에 '인식으로 이루어진 것'은 지식력을 가진다.

icchāśakti: 의지력(意志力)

마음은 결정・미결정과 관계하는 의지를 가지기 때문에 '마음으로 이루어진 것'은 의지력을 가진다.

kriyāśakti: 행위력(行爲力)

숨은 행위를 본질로 하는 것이기 때문에 '숨으로 이루어진 것'은 행위력을 가진다.

■ 해 설 ■

미시적 신체를 이루는 세 가지 덮개의 특징을 구분해서 말한다. '인식으로 이루어진 덮개'는 지식력을, '마음으로 이루어진 덮개'는 의지력을, '숨으로 이루어진 덮개'는 행위력을 보유한다. '인식으로 이루어진 덮개'는 순수의식인 아뜨만과 비슷하기 때문에 작인(kartṛ)이다. 대상이 감관을 통해 알려지더라도 마음이 없이는 온전한 지식이 가능할 수 없기 때문에 '마음으로 이루어진 덮개'는 수단·매개(karaṇa)이다. '숨으로 이루어진 덮개'가 결과물(kārya)이라는 것은 계시서(예컨대, 《브르하다란야까 우빠니샤드》 1.5.12)로부터 알 수 있다.

## 14. 미시적 신체의 집합과 개별

**14.1** 이 경우에도 역시 모든 미시적 신체는, 숲과 같이 또는 호수와 같이 단일한 지성적 대상이 됨으로써 집합이 되고, 또한 나무와 같이 또는 물과 같이 다수인 지성적 대상이 됨으로써 개별이 된다.

atrāpy akhilasūkṣmaśarīram ekabuddhiviṣayatayā vanavaj jalāśayavad vā samaṣṭir anekabuddhiviṣayatayā vṛkṣavaj jalavad vā vyaṣṭir api bhavati ‖ 14.1 ‖

■ 해 설 ■

무지가 관점에 따라 집합이나 개별이 되는 것과 마찬가지로(본문 7.1), 미시적 신체의 경우에도 단일성의 관점에서는 집합이 되고 다수성의 관점에서는 개별이 된다.

**14.2** [미시적 신체의] 이러한 집합에 의해 한정된 순수의식은 수뜨라뜨마, 히란야가르바, 그리고 쁘라나라고 말해진다 – 모든 곳에 꿰어진 것이기 때문이며, 또 '지식력·의지력·행위력을 가진 것'으로 한정된 것이기 때문이다.

etatsamaṣṭyupahitaṃ caitanyaṃ sūtrātmā hiraṇyagarbhaḥ prāṇaś cety ucyate sarvatrānusyūtatvāj jñānecchākriyāśaktimadupahitatvāc ca ‖ 14.2 ‖

▌주 석▐

sūtrātmā: 수뜨라뜨마

'실'(sūtra)과 '아뜨만'(ātman)의 복합어이다. 꽃목걸이를 꿰는 실처럼 수뜨라뜨마는 모든 미시적 신체들을 꿰고 있고 그것들에 충만해 있는 특수한 아뜨만이다. 히란야가르바의 세계, 즉 미시적 세계에서 가장 내적인 실체를 이르는 말이다. 《브르하다란야까 우빠니샤드》 3.7.1, 3.7.2에서 'sūtra'는 '내적 지배자'(antaryāmin), '미시적 신체의 질료로서 에테르와 비슷한 미시적 실체'(vāyu)와 유의적으로 쓰인다.

hiraṇyagarbha: 히란야가르바

직역하면 '황금 자궁'이며, 창조의 원천을 가리킨다. 아드와이따 베단따에서는 지식력·의지력·행위력을 보유한 미시적 세계의 창조 주체로서 알려져 있다. 브라흐만의 두 번째 양상이다. 순수의식으로서 브라흐만이 집합적 무지에 의해 한정된 것이 브라흐만의 첫 번째 양상으로서 이슈와라(신)라면, 바로 그 브라흐만이 집합적인 미시적 신체에 의해 한정된 것이 히란야가르바(또는 수뜨라뜨마)이다.

prāṇa: 쁘라나

'전방 숨, 들숨, 숨 일반, 감관, 삶, 영혼, 궁극적 영혼' 등과 같은 여러 뜻을 가진다. 여기에서는 미시적인 세계의 창조와 관련되어 '생기'(생명원리, 생명력)라는 뜻을 가진 고유명사로 쓰인다.

▮ 해 설 ▮

'집합적인 미시적 신체에 의해 한정된 순수의식'을 일컫는 이름들은 수뜨라뜨마 등이다. 실과 같이 모든 곳에서 꿰어져 있기 때문에 수뜨라뜨마라고 불린다. 지식력・의지력・행위력을 가지고 있다고 한정된 것이기 때문에 히란야가르바라고 불린다. 쁘라나는 우빠니샤드에서 미시적 세계와 관련하여 자주 나오는 생명원리 또는 창조원리이다.

**14.3** 그것(수뜨라뜨마)에 관한 이 집합은; 현시적 복합현상계와 견주어 더 미시적임으로 말미암아 '인식으로 이루어진 것' 등의 3덮개로 된 미시적 신체라고 말해지고, 생시[상태]의 인상으로 이루어진 것임으로 말미암아 꿈[상태]라고 말해지고, 또 바로 그 이유로부터 현시적 복합현상계가 소멸하는 장이라고 말해진다.

asyaiṣā samaṣṭiḥ । sthūlaprapañcāpekṣayā sūkṣmatvāt sūkṣma-śarīraṃ vijñānamayādikośatrayaṃ jāgradvāsanāmayatvāt sva-pno 'ta eva sthūlaprapañcalayasthānam iti cocyate ‖ 14.3 ‖

▮ 주 석 ▮

jāgrat: 생시[상태]

개별자가 경험하는 의식의 3상태(avasthātraya) 가운데, 즉 생시・꿈・숙면 가운데 제1상태이다. 의식이 깨어 있는 상태에서는 대상을 직접적으로 경험하기 때문에 'viśva'(萬物)라고 부른다.

svapna: 꿈[상태]

개별자가 경험하는 의식의 제2상태이다. 제1상태인 생시상태에서 경험한 것들이 인상으로 남아 이 상태에서 경험된다. 의식이 직접적인 대상이 아니라 간접적인 대상(인상)을 경험하기 때문에, 곧 광명을 본질로 하는 내적기관(본문 13.9, 14.4)의 작용으로 말미암아 경험되기 때문에 'taijasa'(光輝)라고 부른다.

■ 해 설 ■

본문 14.2에서 '집합적인 미시적 신체에 의해 한정된 순수의식'에 대한 여러 명칭들을 제시한 것에 이어, 여기에서는 '집합적인 미시적 신체'에 대한 여러 명칭들과 그렇게 불리는 이유들을 제시한다.

원문은 두 문장이지만 내용으로 보아 한 문장이라고 볼 수 있다.

**14.4** [미시적 신체의] 이러한 개별에 의해 한정된 순수의식은 따이자사이다 – '광휘로 이루어진 내적기관'으로 한정된 것이기 때문이다.

etadvyaṣṭyupahitaṃ caitanyaṃ taijaso bhavati tejomayāntaḥkara-ṇopahitatvāt ‖ 14.4 ‖

▌해 설▐

본문 14.2의 '집합적인 미시적 신체에 의해 한정된 순수의식'에 견주어 여기에서는 '개별적인 미시적 신체에 의해 한정된 순수의식'을 말한다. 후자가 따이자사(광휘)라고 불리는 까닭은, 그것이 '광휘·광명(지식)을 본질로 하는 내적기관' 즉 '인상과 관념으로 가득 찬 내적기관'으로 한정된 것이기 때문이다. 무지의 개별에 의해 한정된 순수의식은 숙면상태를 가리키는 쁘라즈냐(prājña)이고(본문 7.9, 7.11), 미시적 신체의 개별에 의해 한정된 순수의식은 꿈상태를 가리키는 따이자사이다.

**14.5** 그것(따이자사)에 관한 이 개별 또한, 현시적 신체와 견주어 더 미시적이기 때문이라는 바로 그 근거로부터 '인식으로 이루어진 것' 등의 3덮개로 된 미시적 신체라고 말해지고, 생시[상태]의 인상으로 이루어진 것임으로 말미암아 꿈[상태]라고 말해지고, 또 바로 그 이유로부터 현시적 신체가 소멸하는 장이라고 말해진다.

asyāpīyaṃ vyaṣṭiḥ sthūlaśarīrāpekṣayā sūkṣmatvād iti hetor eva sūkṣmaśarīraṃ vijñānamayādikośatrayaṃ jāgradvāsanāmayatvāt svapno 'ta eva sthūlaśarīralayasthānam iti cocyate ‖ 14.5 ‖

▌해 설▐

본문 14.3에서는 미시적 신체의 집합이 가진 특징을 말하고, 여기에서는 미시적 신체의 개별이 가진 특징을 말한다. 미시적 신체의 집합은 현시적 복합현상계보다 더 미시적이고, 미시적 신체의 개별은 현시적 신체보다 더 미시적이기 때문에 각각 수뜨라뜨마 등과 따이자사의 미시적 신체라고 불린다. 그리고 둘 다 생시상태에서 경험한 인상으로 이루어진 것이기 때문에 꿈상태라고 불린다. 또한 둘 다 꿈상태이기 때문에 각각 현시적 복합현상계로서의 생시상태와 현시적 신체로서의 생시상태가 소멸하는 장이라고 말해진다.

**14.6** 그(꿈상태) 경우에 이러한 수뜨라뜨마와 따이자사는 마음의 변형들로써 미시적 대상들을 경험한다 – "미시적인 것들의 향유자는 따이자사이다"(만두-우 4)라는 등의 계시서 때문이다.

etau sūtrātmataijasau tadānīṃ manovṛttibhiḥ sūkṣmaviṣayān anubhavataḥ "praviviktabhuk taijasaḥ" ityādiśruteḥ ‖ 14.6 ‖

▮주 석▮

manovṛtti: 마음의 변형

외적 대상이 없는 꿈상태에서 경험을 가능하게 해 주는 것이다. '내적기관의 변형'(antaḥkaraṇa-vṛtti)과 유의적이라고 할 수 있다.

sūkṣmaviṣaya: 미시적 대상

꿈상태에서 경험되는 것은, 생시상태에서와 같은 현시적 대상도 아니고 숙면상태에서와 같은 환희도 아니다. 그것은 생시상태의 인상인 미시적 대상이다.

▓ 해 설 ▓

무지의 집합과 개별과 각각 관계하는 이슈와라(신)와 쁘라즈냐(개별지성)는 아주 미시적인 '무지의 변형'(ajñāna-vṛtti)으로 환희를 경험한다(본문 8.1). 그와 달리 미시적 신체의 집합과 개별과 관계하는 수뜨라뜨마 등과 따이자사는 '마음의 변형'으로 미시적 대상을 경험한다. 후자의 경우에 그 경험은 '마음의 변형'과 '마음의 변형에 반사된 순수의식'의 연합으로 가능해진다.

**14.7** 이 경우에도 역시 집합적인 [미시적 신체와] 개별적인 [미시적 신체] 사이와, 그것들에 의해 [각각] 한정된 수뜨라뜨마와 따이자사 사이에는, 숲과 나무 [사이와] 같이 또한 그것들에 둘러싸인 [각각의] 허공 [사이와] 같이, 호수와 물 [사이와] 같이, 또한 그것들에 존재하는 [각각의] 반사된 허공 [사이와] 같이, 차이가 없다.

atrāpi samaṣṭivyaṣṭyos tadupahitasūtrātmataijasayor vanavṛkṣavat tadavacchinnākāśavac ca jalāśayajalavat tadgatapratibimbākāśavac cābhedaḥ ‖ 14.7 ‖

▓ 해 설 ▓

숲과 나무 사이에 차이가 없고 호수와 물 사이에 차이가 없는 것과 같이, 집합적인 미시적 신체와 개별적인 미시적 신체 사이에는 차이가 없다. 숲과 나무에 둘러싸인 각각의 허공 사이에 차이가 없고 호수와 물에 존재하는 각각의 반사된 허공 사이에 차이가 없는 것과 같이, 집합적인 미시적 신체와 개별적인 미시적 신체에 의해 각각 한정된 수뜨라뜨마와 따이자사 사이에는 차이가 없다.

**14.8** 이와 같음이 미시적 신체의 생성이다.
evaṃ sūkṣmaśarīrotpattiḥ ‖ 14.8 ‖

## 15. 현시원소들

**15.1** 한편, 현시원소들은 오합체들이다.
sthūlabhūtāni tu pañcīkṛtāni ‖ 15.1 ‖

▮주 석▮

pañcīkṛta: 오합체(五合體)
다섯 가지 미시원소(미-오합체)들의 결합으로 이루어진 것을 말한다. 각각의 5현시원소는 다섯 가지 미시원소들의 결합으로 이루어진 오합체이다.

**15.2** 그리고 오합체는, 에테르 등의 다섯 개 [미시원소]에서 하나하나를 동등한 두 덩이로 나눈 다음, 그러한 열 부분들 가운데서 [각 미시원소의] 첫 번째 [반쪽] 다섯 부분들을 제각각 동등한 네 덩이로 나눈 다음, [나누어진] 네 부분들 각각의 두 번째 반쪽 부분들을 버린 채로 다른(남은) [미시원소의 두 번째 반쪽] 부분에 결합한 것이다.

pañcīkaraṇaṃ tv ākāśādipañcasv ekaikaṃ dvidhā samaṃ vibhajya teṣu daśasu bhāgeṣu prāthamikān pañca bhāgān pratyekaṃ caturdhā samaṃ vibhajya teṣāṃ caturṇāṃ bhāgānāṃ svasvadvitī-yārdhabhāgaparityāgena bhāgāntareṣu saṃyojanam ‖ 15.2 ‖

■ 해 설 ■

오합체의 산출 방식은 다음과 같다. (1) 다섯 개 미시원소 모두를 각각 두 덩이로 나눈다. (2) 각 미시원소의 '첫 번째 2분의 1'을 각각 네 덩이로 나눈다. 즉 본래 미시원소의 8분의 1이 된다. (3) 8분의 1이 된 네 개 미시원소들 각각의 '두 번째 2분의 1'을 버린다. (4) 8분의 1이 된 네 개 미시원소들을 남은 한 개 미시원소의 '두 번째 2분의 1'에 결합한다. 예컨대, 흙·물·불·공기 미시원소 각각의 8분의 1은 에테르 미시원소의 2분의 1과 결합하여 온전한 1의 에테르 현시원소(오합체)가 된다. 에테르 현시원소 = 흙 미시원소 1/8 + 물 미시원소 1/8 + 불 미시원소 1/8 + 공기 미시원소 1/8 + 에테르 미시원소 1/2.

**15.3** 그래서 "[5미시원소를] 하나하나 두 덩이로 만든 다음 첫 번째 [5반쪽들을] 다시 네 덩이로 [만들고, 그러한 네 부분들을] 자체들과 다른 두 번째 부분(반쪽)들과 결합하는 것을 통해, 그것(오합체)들은 [각각이] 5이고 5이다"(빤짜 1.27)라고 말해진다.

tad uktam –

"dvidhā vidhāya caikaikaṃ caturdhā prathamaṃ punaḥ |

svasvetaradvitīyāṃśair yojanāt pañca pañca te" iti ‖ 15.3 ‖

**15.4** 삼합체가 계시서로부터 들리는 까닭에 이것(오합체)에 권위가 없다고 의문시해서는 안 된다 – 오합체 또한 함의되기 때문이다.

asyāprāmāṇyam nāśaṅkanīyam trivṛtkaraṇaśruteḥ pañcīkaraṇasyā-py upalakṣaṇatvāt ‖ 15.4 ‖

■ 해 설 ■

《찬도그야 우빠니샤드》 6.3.3에는 태초의 신격이 불·물·흙이라는 3 신격들 각각을 삼합으로 창조하는 내용이 있다. 따라서 계시서는 삼합체(trivṛtkaraṇa)에 대해 언급한다. 하지만 오합체에 대한 주장이 삼합체를 말하는 계시서와 상충된다고 해서 오합체의 방식에 권위(prāmāṇya)가 없다고 생각해서는 안 된다. 삼합체를 말하는 계시서는 오합체를 또한 함의하기 때문이다. 비록 에테르와 공기가 제외되어 있더라도, 에테르와 공기에 대한 언급이 다른 계시서에 나오고 또한 그것들이 편재하는 원소들인 까닭에, 삼합체에 대한 언급에 당연히 오합체가 함의되어 있다고 봐야 한다.

**15.5** 비록 5[현시원소들이 각각] 5[미시원소로] 이루어진 것은 공통적일지라도, "[그것들 각각의] 우세로 말미암아 그것에 대한 명명이 있고, 그것에 대한 명명이 있다"(브라-수 2.4.22)라는 논리에 따라 그것들에 대해서 또한 에테르 등이라는 명칭이 가능하다.

pañcānāṃ pañcātmakatve samāne 'pi teṣu ca "vaiśeṣyāt tadvādas tadvādaḥ" iti nyāyenākāśādivyapadeśaḥ sambhavati ‖ 15.5 ‖

▒ 해 설 ▒

본문 15.2와 15.3에서는 각각의 5현시원소가 다섯 가지 미시원소로 이루어진 것이라고 말한다. 이 경우, 5현시원소 사이에 별 차이가 없을 것이라는 의문이 생길 수 있다. 그렇지만 각각의 현시원소는 그 자체와 동종적인 미시원소를 2분의 1이라는 우세(vaiśeṣya, bhūyastva)한 비율로 보유하고 있기 때문에, 예를 들어 에테르 미시원소의 우세를 가진 에테르 현시원소를 에테르라고 부르는 것은 정당하다. 이 논리는 다른 현시원소들에 대해서도 똑같이 적용될 수 있다.

원문의 인용 문구에서 'vaiśeṣyāt' 뒤에는 'tu'(하지만)가 들어가야 한다.

**15.6** 그 경우에, 에테르에서 소리가, 공기에서 소리와 감촉이, 불에서 소리와 감촉과 형태가, 물에서 소리와 감촉과 형태와 맛이, 흙에서 소리와 감촉과 형태와 맛과 냄새가 현시한다.

tadānīm ākāśe śabdo 'bhivyajyate vāyau śabdasparśāv agnau śabdasparśarūpāṇy apsu śabdasparśarūparasāḥ pṛthivyāṃ śabdasparśarūparasagandhāś ca ‖ 15.6 ‖

▒ 해 설 ▒

오합체가 만들어지는 경우에, 에테르 미시원소에 잠재되어 있던 소리라는 속성이 에테르 현시원소에서 현시한다. 마찬가지로 공기·불·물·흙이라는 미시원소에 잠재되어 있던 고유 속성들인 감촉, 형태(색깔), 맛, 냄새도, 선행하는 원소의 속성들을 받아들이면서 각각의 현시원소에서 차례대로 현시한다. 왜냐하면 에테르로부터 공기가, 공기로부터 불이, 불로부터 물이, 물로부터 흙이 생성하기 때문이다(본문 12.1).

## 16. 현시적 신체들

**16.1** 이러한 오합체 원소들로부터, 부르 · 부와르 · 스와르 · 마하르 · 자나스 · 따빠스 · 사뜨야라는 그러한 이름들을 가진 위로 위로 존재하는 세계들, 아딸라 · 비딸라 · 수딸라 · 라사딸라 · 딸라딸라 · 마하딸라 · 빠딸라라는 이름들을 가진 아래로 아래로 존재하는 세계들, 원초적 알과 그 안에 들어 있는 네 종류의 현시적 신체들, 그리고 그것들에 적합한 음식 · 음료 등의 발생이 있다.

etebhyaḥ pañcīkṛtebhyo bhūtebhyo bhūrbhuvaḥsvarmaharjanastapaḥsatyam ity etannāmakānām upary upari vidyamānānām atalavitalasutalarasātalatalātalamahātalapātālanāmakānām adho 'dho vidyamānānāṃ lokānāṃ brahmāṇḍasya tadantarvarticaturvidhasthūlaśarīrāṇāṃ taducitānām annapānādīnāṃ cotpattir bhavati ‖ 16.1 ‖

■ 해 설 ■

각각이 오합체인 5현시원소로부터 발생하는 것들을 열거한다. 일곱 개 천상세계가 낮은 것부터 높은 것의 순서대로 나열되고, 일곱 개 지하세계가 위에 있는 것부터 아래에 있는 것의 순서대로 나열된다. 원초적 알(브라흐마의 알), 원초적 알의 안에 들어 있는 네 종류의 현시적 신체들(본문 16.2), 그 현시적 신체들에 적합한 음식 등도 오합체(현시원소)들의 산물이다.

**16.2** 한편, 네 종류의 [현시적] 신체들은 태생 · 난생 · 토생 · 습생이라고 알려진다.

caturvidhaśarīrāṇi tu jarāyujāṇḍajodbhijjasvedajākhyāni ‖ 16.2 ‖

**16.3** 태생들은 자궁들로부터 탄생한 인간 · 짐승 등이다.

jarāyujāni jarāyubhyo jātāni manuṣyapaśvādīni ‖ 16.3 ‖

**16.4** 난생들은 알들로부터 탄생한 조류 · 파충류 등이다.

aṇḍajāny aṇḍebhyo jātāni pakṣipannagādīni ‖ 16.4 ‖

**16.5** 토생들은 흙을 뚫고서 탄생한 풀 · 나무 등이다.

udbhijjāni bhūmim udbhidya jātāni kakṣavṛkṣādīni ‖ 16.5 ‖

**16.6** 습생들은 습기들로부터 탄생한 이 · 모기 등이다.

svedajāni svedebhyo jātāni yūkāmaśakādīni ‖ 16.6 ‖

## 17. 현시적 신체의 집합과 개별

**17.1** 이 경우에도 역시 네 종류의 모든 현시적 신체는 단일하거나 다수인 지성적 대상이 됨으로써, [각각] 숲과 같이 또는 호수와 같이 집합이 되고, 또한 나무와 같이 또는 물과 같이 개별이 된다.

atrāpi caturvidhasakalasthūlaśarīram ekānekabuddhiviṣayatayā vana-vaj jalāśayavad vā samaṣṭir vṛkṣavaj jalavad vā vyaṣṭir api bhavati ‖ 17.1 ‖

▌해 설▐

본문 14.1에서 미시적 신체에 대해 두 가지 관점을 적용한 것과 마찬가지이다. 현시적 신체의 경우에도 단일성의 관점에서는 집합이 되고 다수성의 관점에서는 개별이 된다.

**17.2** [현시적 신체의] 이러한 집합에 의해 한정된 순수의식은 바이슈와나라, 비라뜨라고 말해진다 – '스스로를 모든 존재로 여기는 것'이기 때문이며, 또 '다양하게 현현하는 것'이기 때문이다.

etatsamaṣṭyupahitaṃ caitanyaṃ vaiśvānaro virāḍ ity ucyate sarva-narābhimānitvād vividhaṃ rājamānatvāc ca ‖ 17.2 ‖

▌주 석▐

vaiśvānara: 바이슈와나라

《만두끄야 우빠니샤드》 3에 관한 샹까라의 주석에 따르면, 바이슈와나라는 '모든 존재들을 다양한 방식으로 행복 등으로 이끄는 것'(viśveṣāṃ narāṇām anekadhā sukhādinayana)으로서 모든 현시적인 것들의 향유(경험)주체이다. 이 경우에 'viśva'는 집합적인 전체를 뜻하는 'sarva'와 달리 개별적인 전체를 뜻하기에, 'vaiśvānara'는 스스로를 모든 개별적인 것들이라고 여기는 전체적인 것이다. 모든 미시적인 것들에 충만해 있는 수뜨라뜨마와 같이, 바이슈와나라는 모든 현시적인 것들에 충만해 있는 만물의 내재적인 원리이다.

바이슈와나라는 브라흐만이 현시적 신체의 집합에 의해 한정된 것으로서, 브라흐만의 세 번째 양상이다. 브라흐만이 무지의 집합에 의해 한정된 것이 첫 번째 양상인 이슈와라(신)이고, 미시적 신체의 집합에 의해 한정된 것이 두 번째 양상인 수뜨라뜨마 등이다. 브라흐만의 이러한 세 가지 양상은 모두 대우주적, 집합적 관점과 관계한다.

virāṭ: 비라뜨

일반적으로 브라흐마(Brahmā)나 뿌루샤(Puruṣa)의 첫 번째 산물 또는 원초적 알을 가리킨다. 아드와이따 베단따에서는 바이슈와나라(브라흐만의 세 번째 양상)와 유의적인 것으로 쓴다. '다양하게'(vividha) '현현하는 것'(rājamānatva)이 'virāj'이며, 'virāṭ'는 남성형 1격(주격) 단수이다.

▮해 설▮

'집합적인 현시적 신체에 의해 한정된 순수의식'을 부르는 이름들은 바이슈와나라와 비라뜨이다. 스스로를 모든 존재들의 총체인 것으로 여기기 때문에 바이슈와나라라고 불리고, 여러 가지 형태들로 현현하는 것이기 때문에 비라뜨라고 불린다.

**17.3** 그것(바이슈와나라)에 관한 이 집합적인 현시적 신체는, 음식의 변형체임으로 말미암아 '음식으로 이루어진 덮개' 라고 언명되고, 또한 현시적인 것들에 대한 향유의 장(처소)임으로 말미암아 현시적 신체 또는 생시[상태]라고 언명된다.

asyaiṣā samaṣṭiḥ sthūlaśarīram annavikāratvād annamayakośaḥ sthūlabhogāyatanatvāc ca sthūlaśarīraṃ jāgrad iti ca vyapadiśyate ‖ 17.3 ‖

▌주 석▌

annamayakośa: 음식으로 이루어진 덮개

아뜨만을 덮는 다섯 가지 덮개(kośa)들 가운데서 첫 번째에 해당되는 것이다. 현시적 신체는 음식(물질적인 것)에 의해 만들어진 것이기에 '음식으로 이루어진 덮개'라고 불린다.

▌해 설▌

본문 17.2에서 '집합적인 현시적 신체에 의해 한정된 순수의식'에 대한 두 가지 명칭을 제시한 것에 이어, 여기에서는 '집합적인 현시적 신체'에 대한 여러 명칭들과 그렇게 불리는 이유들을 제시한다. 미시적 신체가 생시상태의 인상으로 이루어진 꿈상태인 것과 달리, 현시적 신체는 생시상태 그 자체이다.

**17.4** [현시적 신체의] 이러한 개별에 의해 한정된 순수의식은 비슈와라고 말해진다 – 스스로를 미시적 신체라고 여기

는 것을 버리지 않으면서 현시적 신체 등에 들어간 것이기 때문이다.

etadvyaṣṭyupahitaṃ caitanyaṃ viśva ity ucyate sūkṣmaśarīrābhimā-nam aparityajya sthūlaśarīrādipraviṣṭatvāt ‖ 17.4 ‖

■ 주 석 ■

viśva: 비슈와

직역하면 '개별적인 전체'라는 의미의 '모든 것'이다. 그러나 여기에서는 '현시적 신체에 들어간 것'을 뜻한다. 구체적으로 말해서, '현시적 신체의 개별에 의해 한정된 순수의식'은 현시적 신체에 '들어간 것'(praviṣṭatva, √viś)이기 때문에 'viśva'라고 불린다.

■ 해 설 ■

본문 17.2의 '집합적인 현시적 신체에 의해 한정된 순수의식'에 대비하여 여기에서는 '개별적인 현시적 신체에 의해 한정된 순수의식'을 말한다. 개별적 무지에 의해 한정된 순수의식은 숙면상태를 가리키는 쁘라즈냐(prājña)이고, 개별적인 미시적 신체에 의해 한정된 순수의식은 꿈상태를 가리키는 따이자사(taijasa)이며, 개별적인 현시적 신체에 의해 한정된 순수의식은 생시상태를 가리키는 비슈와(viśva)이다. 이러한 세 가지 양상은 모두 소우주적, 개별적 관점과 관계가 있다.

**17.5** 그것(비슈와)에 관한 이 개별적인 현시적 신체 또한, 바로 음식의 변형체이기 때문이라는 근거로부터 '음식으로 이루어진 덮개'라고 말해지고 또한 생시[상태]라고 말해진다.

asyāpy eṣā vyaṣṭiḥ sthūlaśarīram annavikāratvād eva hetor annamayakośo jāgrad iti cocyate ‖ 17.5 ‖

■ 해 설 ■

본문 17.3에서 설명하는 집합적인 현시적 신체와 마찬가지로, 개별적인 현시적 신체도 '음식으로 이루어진 덮개'이고 '생시상태'이다.

**17.6** 그(생시상태) 경우에 이러한 비슈와와 바이슈와나라는, 방면(方面), 바람, 태양, 바루나(바다의 신), 아슈윈에게 차례로 지배되는 귀 등의 5[인식]기관들로써 차례로 소리, 감촉, 형태, 맛, 냄새를 경험하고, 아그니(불의 신), 인드라, 우뻰드라(비슈누), 야마(죽음의 신), 쁘라자빠띠(창조의 신)에게 차례로 지배되는 언어기관 등의 5[행위]기관들로써 차례로 말하기, 받기, 가기, 배설하기, [성적인] 희열을 경험하며, 그리고 달, 브라흐마, 샹까라(쉬와), 비슈누에게 차례로 지배되는 마음, 지성, 자아관념, 지능이라고 불리는 4내적감관들로써 차례로 결정, 확정, 자아 형성하기, 생각하기를 경험하는 [등], 이러한 모든 현시적인 대상들을 경험한다 – "생시상태이고 외적인 것들을 인지하고 있으며"(만두-우 3)라는 등의 계시서 때문이다.

tadānīm etau viśvavaiśvānarau digvātārkavaruṇāśvibhiḥ kramān niyantritena śrotrādīndriyapañcakena kramāc chabdasparśarūparasagandhān agnīndropendrayamaprajāpatibhiḥ kramān niyantritena vāgādīndriyapañcakena kramād vacanādānagamanavisargānandāṃś candracaturmukhaśaṅkarācyutaiḥ kramān niyantritena manobuddhyahaṅkāracittākhyenāntarindriyacatuṣkeṇa kramāt saṅkalpaniścayāhaṅkāryacaittāṃś ca sarvān etān sthūlaviṣayān anubhavato "jāgaritasthāno bahiḥprajñaḥ" ityādiśruteḥ ‖ 17.6 ‖

**▮ 주 석 ▮**

aśvin: 아슈윈

태양과 '암말의 형상을 한 님프' 사이에서 태어난 신들의 두 의사이다.

**▮ 해 설 ▮**

현시적 세계의 생시상태에서 비슈와와 바이슈와나라가 경험하는 내용들을 열거하고 있다. 그러한 내용들은 우주적 신격들에게 지배되는 5인식기관 · 5행위기관 · 4내적감관(내적기관)을 수단으로 해서 경험된다.

**17.7** 이 경우에도 역시 이전처럼, 그러한 현시적 [신체의] 개별과 집합 사이와, 또 그것들에 의해 [각각] 한정된 비슈와와 바이슈와나라 사이에는, 숲과 나무 [사이와] 같이 또한 그것들에 둘러싸인 [각각의] 허공 [사이와] 같이, 호수와 물 [사이와] 같이, 또한 그것들에 존재하는 [각각의] 반사된 허공 [사이와] 같이, 차이가 없다.

atrāpy anayoḥ sthūlavyaṣṭisamaṣṭyos tadupahitaviśvavaiśvānarayoś ca vanavṛkṣavat tadavacchinnākāśavac ca jalāśayajalavat tadgatapratibimbākāśavac ca pūrvavad abhedaḥ ‖ 17.7 ‖

■ 해 설 ■

개별적 무지와 집합적 무지 사이(본문 8.2), 쁘라즈냐와 이슈와라 사이(본문 8.3), 개별적인 미시적 신체와 집합적인 미시적 신체 사이(본문 14.7), 따이자사와 수뜨라뜨마 사이(본문 14.7)처럼, 개별적인 현시적 신체와 집합적인 현시적 신체 사이, 비슈와와 바이슈와나라 사이에도 차이가 없다.

원문에서 '숲과 나무', '호수와 물'은 사실상 '나무와 숲', '물과 호수'여야만 앞부분과 호응한다. '현시적 [신체의] 개별과 집합', '비슈와와 바이슈와나라'에서 개별적 측면이 먼저 언급되고 집합적 측면이 나중에 언급되기 때문이다.

**17.8** 이와 같음이 [각각] 오합체인 5[현시]원소들로부터 현시적 복합현상계의 생성이다.

evaṃ pañcīkṛtapañcabhūtebhyaḥ sthūlaprapañcotpattiḥ ‖ 17.8 ‖

## 18. 거대 복합현상계

**18.1** 종속적인 숲들의 집합이 단일한 거대 숲이듯이, 또는 종속적인 호수들의 집합이 단일한 거대 호수이듯이, 이러한 현시적, 미시적, 원인적 복합현상계의 집합 또한 단일한 거대 복합현상계이다.

eteṣāṃ sthūlasūkṣmakāraṇaprapañcānām api samaṣṭir eko mahān prapañco bhavati yathāvāntaravanānāṃ samaṣṭir ekaṃ mahad vanaṃ bhavati yathā vāvāntarajalāśayānāṃ samaṣṭir eko mahān jalāśayaḥ ‖ 18.1 ‖

▌해 설▐

지금까지 원인적, 미시적, 현시적 복합현상계의 생성에 대해 차례로 각각 다룬 것과는 달리, 실제로 모든 복합현상계들은 단일한 거대 복합현상계일 뿐이다. 작은 숲이나 호수는 그 자체로 전체를 이루고 있는 듯이 보이지만, 실제로는 단일하고 거대한 숲이나 호수를 구성하는 부분에 지나지 않는다.

**18.2** 바이슈와나라에서 시작하여 이슈와라로 끝나는 '이것들(복합현상계들)에 의해 한정된 순수의식들' 또한, 종속적인 숲들에 둘러싸인 허공들과 같이, 또는 종속적인 호수들에 존재하는 반사된 허공들과 같이, 오직 단일하다.

etadupahitaṃ vaiśvānarādīśvaraparyantaṃ caitanyam apy avāntaravanāvacchinnākāśavad avāntarajalāśayagatapratibimbākāśavac caikam eva ‖ 18.2 ‖

▌해 설▐

'집합적인 현시적 신체에 의해 한정된 순수의식'은 바이슈와나라, '집합적인 미시적 신체에 의해 한정된 순수의식'은 수뜨라뜨마(또는 히란야가르바), '집합적 무지에 의해 한정된 순수의식'은 이슈와라(신)이다. 이러한 모든 것들은 집합적인 각각의 복합현상계에 의해 한정된 순수의식들이다. 종속적인 숲들에 둘러싸인 각각의 허공들이 단일하고,

종속적인 호수들에 존재하는 각각의 반사된 허공들이 단일한 것과 마찬가지로, 바이슈와나라에서 시작하여 이슈와라로 끝나는 '여러 종속적인 복합현상계들에 의해 한정된 순수의식들' 또한 단일하다.

**18.3** 한정되지 않은 순수의식이, 붉게 단 쇠구슬처럼, 이러한 '거대 복합현상계와 그것(거대 복합현상계)에 의해 한정된 순수의식'으로부터 구별되지 않고 있으면 "이 모든 것은 실로 브라흐만이다"(찬도-우 3.14.1)라는 [대]문구의 명시적 의미가 되고, 또 구별되고 있으면 함축적 의미가 된다.

ābhyāṃ mahāprapañcatadupahitacaitanyābhyāṃ taptāyaḥpiṇḍavad aviviktaṃ sad anupahitaṃ caitanyaṃ "sarvaṃ khalv idaṃ brahma" iti vākyasya vācyaṃ bhavati viviktaṃ sal lakṣyam api bhavati ‖ 18.3 ‖

■ 해 설 ■

본문 9.2에서 말하는 것과 비슷한 논리이다. '이 모든 것은 실로 브라흐만이다'(sarvaṃ khalv idaṃ brahma)라는 대문구에서 동일성으로 지시되는 것은 '모든 것'(sarvam)이라는 말과 '브라흐만'(Brahman)이라는 말이다. 우선 '모든 것'이라는 말에서 '거대 복합현상계', '그것에 의해 한정된 순수의식', '한정되지 않은 순수의식'이라는 세 가지 의미가 구별되지 않을 때, 그 세 가지는 단일하게 나타나면서 그 말의 명시적 의미라고 말해진다. 반면에 '모든 것'이라는 말에서 '한정되지 않은 순수의식'이 다른 두 가지 의미로부터 구별되고 있으면 '한정되지 않은 순수의식'은 그 말의 함축적 의미라고 말해진다. '한정되지 않은 순수의식'은 곧 '브라흐만'이다. 따라서 '모든 것'이라는 말이 '한정되지 않은 순수의식'이라는 함축적 의미를 가지고 있으므로 '모든 것'과 '브라흐만'의 동일성이 확보된다고 말할 수 있다.

**18.4** 이러한 연관에서, 실재에 비-실재가 부가되는 가탁이 개괄적으로 설명되었다.

evaṃ vastuny avastvāropo 'dhyāropaḥ sāmānyena pradarśitaḥ ‖ 18.4 ‖

## 19. 아뜨만에 대한 가탁

**19.1** 이제 내적 아뜨만(자아)에 대해 이러이러하고 저러저러하다고 부가(가탁)하는 것에 관해 특별히 말한다.

idānīṃ pratyagātmanīdam idam ayam ayam āropayatīti viśeṣata ucyate ‖ 19.1 ‖

▮ 해 설 ▮

본문 6편부터 18편까지 실재에 비-실재가 부가되는 것과 같은 가탁을 개괄적으로 설명한다면, 19편에서는 내적인 아뜨만에 '아뜨만이 아닌 것'(비-아뜨만)이 부가되는 것과 같은 가탁을 특별히 설명한다. 달리 말해서, 이제까지는 형이상학적(대우주적, 소우주적) 가탁에 관한 내용이고 이제부터는 경험적, 심리적 가탁에 관한 내용이다. 전자의 가탁은 탈-가탁과 함께 '그것이 너이다'(tat tvam asi)라는 문구를 해석하는 데 필수적인 조건이 되고(본문 22편에서 27편), 후자의 가탁은 '나는 브라흐만이다'(ahaṃ brahmāsmi)라는 경험적 문구를 해석하는 데 필수적인 조건이 된다(28편).

**19.2** 한편, 아주 소박한 자는, "실로 자아로서의 아들이 태어났다"라는 등의 계시서 때문에, 자신에 대해서와 같이 자신의 아들에 대해서도 [자신이] 사랑하는 것을 보기 때문에, 또한 아들이 번창하고 몰락하는 경우에 '나 자신이 번창한다', '나 자신이 몰락한다'라는 등을 경험하기 때문에, 아들이 자아라고 말한다.

atiprākṛtas tu "ātmā vai jāyate putraḥ" ityādiśruteḥ svasminn iva svaputre 'pi premadarśanāt putre puṣṭe naṣṭe cāham eva puṣṭo naṣṭaś cetyādyanubhavāc ca putra ātmeti vadati ‖ 19.2 ‖

▮ 해 설 ▮

아주 소박한 생각을 가진 자는 자신의 자아에 자신의 아들(putra)을 가탁하여, 아들이 마치 자신의 자아인 것처럼 말한다. 이러한 자아관은 가장 소박한 형태이다.

본문 19.2부터 19.10까지는 아뜨만(자아)에 관해 아드와이따 베단따의 견해가 아닌 다른 여러 학파의 견해들을 보여 준다. 그러한 가운데 각각의 본문에서는, 여기에서 살펴지다시피, 그 주장을 뒷받침하는 세 가지 논거가 쓰인다. 첫째로 '계시서 때문에'라는 것은 성언(śabda)을 내용으로 하는 논거이다. 둘째로 '보기 때문에', '없기 때문에' 등과 같은 것은 추론(anumāna)을 내용으로 하는 논거이다. 셋째로 '경험하기 때문에'라는 것은 지각(pratyakṣa)을 내용으로 하는 논거이다. 이 세 가지는 각각 계시서(문헌), 추리(이성), 경험을 통한 논증이다(본문 20.2).

본문 19편에서 열거되는 자아관들은 《브라흐마 수뜨라 주석》 1.1.1의 끝부분에 나오는 여러 자아관들과 비슷하다. 모든 자아관들은 아드와이따 베단따의 관점에서 요약・제시된 것이기 때문에 다른 학파의 사상이 왜곡되는 경우가 있을 수 있다.

**19.3** 한편, 짜르와까 학자는, "실로 그러한 그 사람(자아)은 음식의 요체로 이루어진 것이다"(따잇-우 2.1)라는 등의 계시서 때문에, 불타는 집에서 심지어 자신의 아들을 버리면서 자신이 탈출하는 것을 보기 때문에, 또한 '나는 뚱뚱하다', '나는 말랐다'라는 등을 경험하기 때문에, 현시적 신체가 자아라고 말한다.

cārvākas tu "sa vā eṣa puruṣo 'nnarasamayaḥ" ityādiśruteḥ pradīptagṛhāt svaputraṃ parityajyāpi svasya nirgamadarśanāt sthūlo 'haṃ kṛśo 'ham ityādyanubhavāc ca sthūlaśarīram ātmeti vadati ‖ 19.3 ‖

▮주 석▮

cārvāka: 짜르와까 학자

짜르와까는 인도철학의 유물론적 성향을 대변하는 학파이다. 이 학파에서는 세상 만물이 원소들의 결합으로 생성된 것이라고 주장하기에, 의식은 물질로부터 만들어진 것에 지나지 않게 된다. 이러한 연관에서, 의식을 보유한 신체를 곧 영혼이라고 생각한다.

■ 해 설 ■

비록 소박한 자의 생각에서 더 나아가지만, 유물론자인 어떤 짜르와까 학자는 자신의 자아에 자신의 현시적 신체(sthūlaśarīra)를 가탁하여, 그 현시적 신체가 마치 자신의 자아인 것처럼 말한다. 신체를 아뜨만에 가탁하는 경우이다.

**19.4** 다른 짜르와까 학자는, "실로 그러한 감관들은 아버지 쁘라자빠띠에게로 가서 말했다"(찬도-우 5.1.7)라는 등의 계시서 때문에, 감관들이 없을 경우에 신체의 움직임이 없기 때문에, 또한 '나는 애꾸이다', '나는 귀머거리이다' 라는 등을 경험하기 때문에, 감관들이 자아라고 말한다.

aparaś cārvākaḥ "te ha prāṇāḥ prajāpatiṃ pitaram etya brūyuḥ" ityādiśruter indriyāṇām abhāve śarīracalanābhāvāt kāṇo 'haṃ badhiro 'ham ityādyanubhavāc cendriyāṇy ātmeti vadati ‖ 19.4 ‖

■ 해 설 ■

비록 신체를 자아로 여기는 어떤 짜르와까 학자의 생각에서 더 나아가지만, 다른 짜르와까 학자는 자신의 자아에 자신의 감관(indriya)들을 가탁하여, 그 감관들이 마치 자신의 자아인 것처럼 말한다. 감관들을 아뜨만에 가탁하는 경우이다.

원문의 인용 문구에 나오는 'pitaram etya brūyuḥ'는 우빠니샤드 교정본에서 'pitaram etyocuḥ'(pitaram etya ūcuḥ)라고 표현되어 있다.

그 의미는 같다.

**19.5** 다른 짜르와까 학자는, "또 다른 내부의 자아가 숨으로 이루어진 것이다"(따잇-우 2.2)라는 등의 계시서 때문에, 숨이 없을 경우에 감관 등의 움직임이 끊기기 때문에, 또한 '나는 배고프다', '나는 목마르다'라는 등을 경험하기 때문에, 숨이 자아라고 말한다.

aparaś cārvākaḥ "anyo 'ntara ātmā prāṇamayaḥ" ityādiśruteḥ prāṇābhāva indriyādicalanāyogād aham aśanāyāvān ahaṃ pipāsāvān ityādyanubhavāc ca prāṇa ātmeti vadati ‖19.5‖

▮ 해 설 ▮

비록 감관들을 자아로 여기는 어떤 짜르와까 학자의 생각에서 더 나아가지만, 또 다른 짜르와까 학자는 자신의 자아에 자신의 숨(prāṇa, 생기)을 가탁하여, 그 숨이 마치 자신의 자아인 것처럼 말한다. 숨을 아뜨만에 가탁하는 경우이다.

허기(배고픔)와 갈증(목마름)은 생명을 보존하는 것들이기 때문에 생기 즉 숨(prāṇa)의 특징들이라고 할 수 있다. 그래서 '나'에게 허기와 갈증이 있다는 경험은 생기로서의 숨을 아뜨만이라고 여기게끔 하는 근거가 된다.

**19.6** 반면, 다른 짜르와까 학자는, "또 다른 내부의 자아가 마음으로 이루어진 것이다"(따잇-우 2.3)라는 등의 계시서

때문에, 마음이 잠잘 경우에 숨 등이 없기 때문에, 또한 '나는 결정한다', '나는 결정 못한다'라는 등을 경험하기 때문에, 마음이 자아라고 말한다.

anyas tu cārvākaḥ "anyo 'ntara ātmā manomayaḥ" ityādiśruter manasi supte prāṇāder abhāvād ahaṃ saṅkalpavān ahaṃ vikalpavān ityādyanubhavāc ca mana ātmeti vadati ‖ 19.6 ‖

▮ 해 설 ▮

비록 숨을 자아로 여기는 어떤 짜르와까 학자의 생각에서 더 나아가지만, 또 다른 짜르와까 학자는 자신의 자아에 자신의 마음(manas)을 가탁하여, 그 마음이 마치 자신의 자아인 것처럼 말한다. 마음을 아뜨만에 가탁하는 경우이다.

마음이 잠잘 경우란 기절한 상태 등과 같은 것이다. 그 경우에는 생기(숨)가 작동하지 않는다. 따라서 생기보다 더 근원적인 것은 마음이다.

**19.7** 한편, 불교학자는, "또 다른 내부의 자아가 인식으로 이루어진 것이다"(따잇-우 2.4)라는 등의 계시서 때문에, 작인이 없을 경우에 수단의 동력이 없기 때문에, 또한 '나는 행위주체이다', '나는 향유주체이다'라는 등을 경험하기 때문에, 지성이 자아라고 말한다.

bauddhas tu "anyo 'ntara ātmā vijñānamayaḥ" ityādiśruteḥ kartur abhāve karaṇasya śaktyabhāvād ahaṃ kartāhaṃ bhoktetyādyanubhavāc ca buddhir ātmeti vadati ‖ 19.7 ‖

■ 해 설 ■

비록 마음을 자아로 여기는 어떤 짜르와까의 생각에서 더 나아가지만, 불교학자는 자신의 자아에 자신의 지성(buddhi)을 가탁하여, 그 지성이 마치 자신의 자아인 것처럼 말한다. 지성을 아뜨만에 가탁하는 경우이다.

'인식으로 이루어진 것'(본문 13.10)으로서 '지성'(buddhi)은 불교 유식학파의 '의식'(vijñāna)을 뜻하기에, 내적기관이 아니라 '찰나적인 의식의 흐름·연속'을 뜻한다고 볼 수 있다. 마음이 수단이고 지성이 작인이라는 점은 본문 13.26에서 말했다. 외적 대상(항아리, 천 등)의 수단은 외적감관이고, 내적 대상(기쁨, 고통 등)의 수단은 내적감관인 마음이다. 이와 같이 마음은 단지 수단(매개)에 지나지 않기 때문에 별도로 마음에 동력(śakti)을 부여하는 작인이 필요하다. 그 작인이 바로 지성(buddhi)이다.

본문 19.4부터 19.7까지 '이것이 없을 경우에 저것이 없다'는 형태의 논증을 보여 준다. 감관들이 없을 경우에 신체의 움직임이 없고, 숨이 없을 경우에 감관 등의 움직임이 끊기며(없고), 마음이 잠잘(없을) 경우에 숨 등이 없고, 작인(지성)이 없을 경우에 수단(마음)의 동력이 없다는 논리들이다. 각각의 논증에서는 전자('이것')가 후자('저것')보다 더 근원적이라는 사실을 주장한다.

**19.8** 한편, 쁘라바까라 학자와 논리학자는, "또 다른 내부의 자아가 환희로 이루어진 것이다"(따잇-우 2.5)라는 등의 계시서 때문에, 지성 등이 무지에 병합되는 것을 보기 때문에, 또한 '나는 무지하다', '나는 무지한 자이다'라는 등을

경험하기 때문에, 무지가 자아라고 말한다.

prābhākaratārkikau tu "anyo 'ntara ātmānandamayaḥ" ityādiśruter buddhyādīnām ajñāne layadarśanād aham ajño 'ham ajñānītyā-dyanubhavāc cājñānam ātmeti vadataḥ ‖ 19.8 ‖

■ 주 석 ■

prābhākara: 쁘라바까라 학자

베다의 제식(제의)・규범・명령 등을 탐구하는 미맘사(Mīmāṃsā) 학파의 한 부파가 쁘라바까라 학파이다. 창시자는 쁘라바까라 미슈라(Prabhākara Miśra; 기원후 700년 무렵)로서, 샤바라스와민(Śabarasvāmin; 기원후 6세기 무렵)이 쓴 《미맘사 수뜨라 주석》(Mīmāṃsā-sūtra-bhāṣya)에 대한 해설서인 《브르하띠》(Bṛhatī)라는 대작을 남겼다. 쁘라바까라는 구루(guru)라고 불렸기에 그의 학파를 구루파라고도 부른다.

tārkika: 논리학자

인식과 논리를 중심 주제로 다루는 느야야(Nyāya) 학파 학자들을 가리킨다.

■ 해 설 ■

비록 지성을 자아로 여기는 불교학자의 생각에서 더 나아가지만, 쁘라바까라 학자와 논리학자는 자신의 자아에 무지(ajñāna)를 가탁하여, 그 무지가 마치 자신의 자아인 것처럼 말한다. 무지를 아뜨만에 가탁하는 경우이다.

아드와이따 베단따에서는 지식이 아뜨만에 본질적인 것이라고 주장하지만, 쁘라바까라 학자와 논리학자는 지식이 아뜨만에 우유적(우연적)인 것이라고 주장한다. 그래서 후자의 경우에 만약 아뜨만을 '지식과 다른 것'이라고 말한다면, 이는 아뜨만을 '무지'라고 말하는 것에 다름 아니라는 결론이 나온다. 무지가 '환희로 이루어진 것'이라는 점은 본문 7.5와 7.11에서 언급된다.

한편 쁘라바까라에 따르면, 숙면의 상태에서는 지성 등이 의식과는 다른 무엇에 병합(소멸)된다고 한다. 그 무엇이 바로 무지이다. 또한 숙면에서 깨어난 자는 자신이 잠을 잘 잤다는 것을 알고 있다. 이 경우에 숙면에서는 의식이 존재하지 않으므로 의식과는 다른 무엇이 자기동일성을 보장해 주고 있음에 틀림없다. 그 무엇이 바로 무지라고 쁘라바까라는 주장한다.

원문의 'aham ajñānī', 즉 '나는 무지한 자이다'를 'ahaṃ jñānī', 즉 '나는 지적인 자이다'로 표현하는 필사본들도 있다.

**19.9** 한편, 밧따 학자는, "오직 일체의식이고 환희로 이루어진 것이다"(만두-우 5)라는 등의 계시서 때문에, 숙면[상태]에서 빛(지식)과 어둠(무지)이 존재하기 때문에, 또한 '나는 나를 알지 못한다'라는 등을 경험하기 때문에, 무지와 연계된 순수의식이 자아라고 말한다.

bhāṭṭas tu "prajñānaghana evānandamayaḥ" ityādiśruteḥ suṣuptau prakāśāprakāśasadbhāvān mām ahaṃ na jānāmītyādyanubhavāc cājñānopahitaṃ caitanyam ātmeti vadati ‖ 19.9 ‖

▮ 주 석 ▮

bhāṭṭa: 밧따 학자

미맘사(Mīmāṃsā) 학파의 한 부파가 밧따 학파이다. 창시자는 미맘사 학파의 최대 철학자로 불리는 꾸마릴라 밧따(Kumārila Bhāṭṭa; 기원후 650~700년 무렵)로서, 《미맘사 수뜨라 주석》에 대한 3부작 해설서인 《슐로까 바르띠까》(Śloka-vārtika), 《딴뜨라 바르띠까》(Tantra-vārtika), 《뚭띠까》(Ṭupṭīkā)를 저작했다.

■ 해 설 ■

비록 무지를 자아로 여기는 쁘라바까라 학자와 논리학자의 생각에서 더 나아가지만, 밧따 학자는 자신의 자아에 '무지와 연계된 순수의식'(ajñānopahita-caitanya)을 가탁하여, 그 '무지와 연계된 순수의식'이 마치 자신의 자아인 것처럼 말한다. '무지와 연계된 순수의식'을 아뜨만에 가탁하는 경우이다.

밧따 학파에서 아뜨만은 주관인 동시에 객관(대상)이지만, 아드와이따 베단따에서는 아뜨만이 순수주관이다. 후자의 경우에 알려질 수 없는 아뜨만이 '알려지는 것으로서 객관(대상)'으로 나타나는 까닭은 내적기관이 바로 객관의 구실을 하기 때문이다. 이는 마치 투명한(보이지 않는) 물에 물감을 탔을 때에 그 물이 보이게 되는 것과 같은 이치이다. 물론 '나'(개별자)라는 것은 내적기관과 순수의식이 결합된 것을 뜻하지만, 내적기관은 결국 지양될 것이기 때문에 아뜨만 즉 '진정한 의미에서의 나'라는 것은 순수의식, 순수주관에 다름 아니다.

이와 달리, 꾸마릴라 밧따는 숙면상태에서 빛과 어둠, 즉 지식과 무지 또는 의식과 비-의식이 공존한다는 사실을 추론한다. 숙면상태에서 무지의 존재는 지성 등이 병합되는 장소로서 익숙히 알려져 있다. 그런데 숙면에서 깨어난 자가 자신이 잠을 잘 잤다고 아는 것은 감관을 통해서가 아니다. 왜냐하면 숙면에서는 감관의 활동이 멈추기 때문이다. 따라서 숙면상태에서도 의식은 반드시 유지되는 것이어야 한다. 또한 무지나 비-의식은 광명을 본질로 하지 않기 때문에, 만약 숙면상태에서 의식이 유지되지 않는다고 한다면, 잠에서 깨어난 자의 맑은 기분을 설명할 도리가 없다. 그러므로 꾸마릴라 밧따에 따르면 무지(비-의식)와 의식(지식)이 모두 공존하는 '무지와 연계된 순수의식'이 자아이다.

**19.10** 다른 불교학자는, "태초에 오직 비-존재로서 그것이 있었다"(찬도-우 6.2.1)라는 등의 계시서 때문에, 숙면[상태]에서 모든 것이 부재하기 때문에, 또한 '나는 숙면[상태]에서 존재하지 않았다'라며 깨어난 자가 자신의 부재를 상기하는 것과 관계된 경험을 하기 때문에, 공(空)이 자아라고 말한다.

aparo bauddhaḥ "asad evedam agra āsīt" ityādiśruteḥ suṣuptau sarvābhāvād ahaṃ suṣuptau nāsam ity utthitasya svābhāva-parāmarśaviṣayānubhavāc ca śūnyam ātmeti vadati ‖ 19.10 ‖

▮해 설▮

불교 중관학파의 자아관을 아드와이따 베단따의 관점에서 요약한 것이다. 비록 '무지와 연계된 순수의식'을 자아로 여기는 밧따 학자의 생각에서 더 나아가지만, 중관학자는 자신의 자아에 공(空, śūnya)을 가탁하여, 그 공이 마치 자신의 자아인 것처럼 말한다. 공을 아뜨만에 가탁하는 경우이다.

참고로 아드와이따 베단따에서는 '비-존재'(asat)를 무(無)라고 해석하지 않는다. 비-존재는 단지 명칭과 형태로서의 세계가 전개·현현되지 않은 상태를 가리키는 것이라고 한다.

## 20. 비-아뜨만과 아뜨만

**20.1** [이제] 이러한 아들 등이 비-아뜨만이라고 말해진다.

eteṣāṃ putrādīnām anātmatvam ucyate ‖ 20.1 ‖

▌주 석▐

anātman: 비(非)-아뜨만

아드와이따 베단따 사상이 아뜨만에 대한 깨달음을 궁극적 목적으로 한다면, 비-아뜨만은 아뜨만에 대한 지식을 얻기 위한 방편인 동시에 궁극적으로 파기되어야만 하는 대상이다. 비-아뜨만은 아뜨만에 가탁된 채로 알려지고 있는 '아뜨만이 아닌 모든 것'을 가리킨다.

▌해 설▐

본문 19.2부터 19.10까지 열거된 자아관들에서는 모두 '아뜨만이 아닌 것'을 아뜨만에 가탁한다. 이제부터 그러한 자아관들에서 나타난 모순들을 밝히고, 아드와이따 베단따의 자아관을 확립한다.

**20.2** '아주 소박한 자' 등의 그러한 논자들이 언급한 계시서·추리·경험으로부터 [나온] 그럴듯한 논증들에서, '각각의 선행하는 것에 언급된 계시서·추리·경험으로부

터 [나온] 그럴듯한 논증들'이 [제시하는] 자아(아뜨만)가 '각각의 후행하는 것에 [언급된] 계시서·추리·경험으로부터 [나온] 그럴듯한 논증들'에 의해 지양되는 것을 보기 때문에, 아들 등이 비-아뜨만인 것은 명백할 따름이다.

etair atiprākṛtādivādibhir ukteṣu śrutiyuktyanubhavābhāseṣu pūrvapūrvoktaśrutiyuktyanubhavābhāsānām uttarottaraśrutiyuktyanubhavābhāsair ātmatvabādhadarśanāt putrādīnām anātmatvaṃ spaṣṭam eva ‖ 20.2 ‖

■ 주 석 ■

ābhāsa: 그럴듯한 논증

그 자체로 오류가 있지만 마치 참(진실)인 것처럼 보이는 논증이다.

■ 해 설 ■

본문 19.2부터 19.10까지 모든 논증들은 각각 계시서(śruti)·추리(yukti)·경험(anubhava)의 형태를 띤 세 종류의 전제들에 바탕을 두고 있다. 이것들은 각각 성언, 추론, (직접적) 지각이라는 세 가지 지식수단들과 대응한다. 그리고 그러한 논증들에서 각각 선행하는 자아관은 각각 후행하는 자아관에 의해 지양된다. 따라서 그럴듯한 논증이 다른 그럴듯한 논증에 의해 지양되는 것을 보기 때문에, 아들에서 시작하여 공(空)으로 끝나는 것들은 모두 비-아뜨만에 지나지 않는다.

**20.3** 더 나아가, [아뜨만이] 내적인 것이고, 현시적인 것이 아니며, 눈이 아니고, 숨이 아니며, 마음이 아니고, 작인

이 아니며, 순수의식이고, 의식 자체이며, 존재라고 하는 등의 강력한 계시서 [문구와] 모순되기 때문에, 아들에서 시작하여 공(空)으로 끝나는 이러한 비-지각인 것은 항아리 등과 같이 순수의식의 조명대상으로서 무상하기 때문에, 또한 '나는 브라흐만이다'라는 현자들의 강력한 경험이 있기 때문에, [결과적으로] 그러그러한 계시서·추리·경험으로부터 [나온] 그럴듯한 논증들이 지양됨으로 말미암아, 여전히 아들에서 시작하여 공(空)으로 끝나는 모든 것은 한갓 비-아뜨만이다.

kiñ ca pratyag asthūlo 'cakṣur aprāṇo 'manā akartā caitanyaṃ cinmātraṃ sad ityādiprabalaśrutivirodhād asya putrādiśūnyaparyantasya jaḍasya caitanyabhāsyatvena ghaṭādivad anityatvād ahaṃ brahmeti vidvadanubhavaprābalyāc ca tattacchrutiyuktyanubhavābhāsānāṃ bādhitatvād api putrādiśūnyaparyantam akhilam anātmaiva ‖ 20.3 ‖

▌주 석▌

bhāsya: 조명대상

아들에서 시작하여 공(空)으로 끝나는 그러한 것들은 비-지각(jaḍa)인 것들이다. 곧 항아리 등과 같이 '의식체가 아닌 비-의식체로서 무언가 물질적인 것'이다. 그래서 그것들은 조명주체(bhāsaka)인 순수의식에 의해 비춰지는 것 즉 조명대상(bhāsya)이다.

▌해 설▌

앞서 제시된 여러 자아관들은 선행하는 것이 후행하는 것에 의해 지양됨으로써 아뜨만에 관한 지식을 알려 주지 않는다. 게다가 계시서·추리·경험으로부터 나온 전제들에 의존하는 그 자아관들은, 아드와이따 베단따에서 제시하는 계시서·추리·경험으로부터 나온 전제들에 의해 철저하게 부정된다. 결국 앞서 제시된 여러 자아관들은 아뜨만이 아닌 비-아뜨만에 관해서 말하고 있을 따름이다.

무엇보다 계시서에서는 아들에서 시작하여 공(空)으로 끝나는 아홉 가지 비-아뜨만을 모두 최종적으로 부정하고 있다. 아뜨만이 '내적인 것이고, 현시적인 것이 아니며, 눈이 아니고, 숨이 아니며, 마음이 아니고, 작인이 아니며, 순수의식이고, 의식 자체이며, 존재'라는 계시서 문구들은 각각 앞서 제시된 아홉 가지 비-아뜨만을 차례로 부정하고 있는 것이다.

**20.4** 따라서 그러그러한 것들의 조명주체이고, 영원·순수·이지·자유·존재를 본질로 하는, 오직 내적 순수의식만이 실재로서의 아뜨만이라는 것이 베단따 현자들의 경험이다.

atas tattadbhāsakaṃ nityaśuddhabuddhamuktasatyasvabhāvaṃ pratyakcaitanyam evātmavastv iti vedāntavidvadanubhavaḥ ‖ 20.4 ‖

▮ 해 설 ▮

아들에서 시작하여 공(空)으로 끝나는 비-아뜨만인 것들에 대한 조명주체(bhāsaka)가 아뜨만이다. 아뜨만은 영원(nitya)·순수(śuddha)·이지(buddha)·자유(mukta)·존재(satya)를 본질로 한다. '영원·순수·이지·자유'라는 표현은 샹까라의 저작들에서 자주 발견된다. 아뜨만은 무상하지 않은 것이고, 불순(악)하지 않은 것이며, 의식·지식을 가진 것이고, 본래적으로 자유(해탈)인 것이라는 뜻이다.

본문 19편의 '아뜨만에 대한 비-아뜨만의 가탁'(경험적, 심리적 가탁)과 20편의 '비-아뜨만으로부터 분별되는 아뜨만의 본질에 대한 확정'은, 28편(29편)의 경험적 문구('나는 브라흐만이다')에 대한 해석과 맞닿아 있다. 무엇보다 여기에서 아뜨만(브라흐만)의 본질에 대해 최종적으로 확정한 것은 28편의 출발점이 된다(28.2).

**20.5** 이와 같음이 가탁이다.

evam adhyāropaḥ ‖ 20.5 ‖

# III. 탈-가탁(脫-假託, apavāda)

## 21. 탈-가탁, 탈-가탁의 과정

**21.1** 탈-가탁이라는 것은, 밧줄의 가현인 뱀이 한갓 밧줄로 [알려지는] 것과 같이, 실재의 가현인 '무지 등의 복합현상계로서 비-실재'가 한갓 실재로 [알려지는] 것이다.

apavādo nāma rajjuvivartasya sarpasya rajjumātratvavad vastu-vivartasyāvastuno 'jñānādeḥ prapañcasya vastumātratvam ‖ 21.1 ‖

▮ 주 석 ▮

apavāda: 탈-가탁(脫-假託)

가탁(adhyāropa)과 쌍을 이루는 개념이다. 실재를 비-실재로 잘못 인식하는 것이 가탁이고, 다시 비-실재가 아닌 실재를 제대로 인식하는 것이 탈-가탁(가탁의 파기)이다. 방법론으로서 가탁과 탈-가탁은 허구적으로 귀속시키기와 후발적으로 철회하기이다. 곧 실재를 제대로 인식하기 위해 비-실재를 실재인 양 허구적으로 귀속시키고, 다시 그 비-실재를 후발적으로 철회(파기, 부정, 지양)하는 방법이다. 그 결과 실재가 비-실재로부터 분별(구별)된 채로 알려진다. 그리고 분별적 지식이 있음으로써 대문구의 명시적 의미와 함축적 의미에 대한 이해가 가능해진다.

샹까라는 《브라흐마 수뜨라 주석》 3.3.9에서, 어떤 대상에 대한 '사실적 관념'(yathārthā-buddhi)이 '허구적 관념'(mithyā-buddhi)을 파기하는 것을 'apavāda'라고 정의한다.

vivarta: 가현(假現)

아드와이따 베단따의 형이상학을 규정짓는 핵심적인 개념이다. 어둠 속에서 무지로 말미암아 밧줄이 뱀으로 보이는 경우, 밧줄의 본질이 가려지면서(은폐되면서) 밧줄은 뱀으로 전변된다(산출된다). 마찬가지로, 무지는 은폐력으로써 실재인 브라흐만의 본질을 가리고 산출력으로써 실재인 브라흐만을 비-실재인 세계로 전변시킨다. 이로 말미암아 창조(전개)된 세계는 유일무이한 실재가 '거짓으로 나타난 것' 즉 실재의 '가현'이다. 그래서 아드와이따 베단따의 인과론적 형이상학을 가현설(vivarta-vāda)이라고 부른다.

■ 해 설 ■

탈-가탁이라는 것은, 밧줄의 가현인 뱀이 파기(부정)되고 본래의 밧줄이 알려지듯이, 실재의 가현인 비-실재가 파기(부정)되고 본래의 실재가 알려지는 것을 이른다. 바꿔 말해서, 가탁된 것 또는 가현된 것으로서 비-실재가 철회되는 것이 탈-가탁이다.

**21.2** 그래서 "실질적으로 다르게 현현하는 것은 변형이라고 불리고, 허구적으로 다르게 현현하는 것은 가현이라고 불린다"라고 말해진다.

tad uktam—

"satattvato 'nyathā prathā vikāra ity udīritaḥ |

atattvato 'nyathā prathā vivarta ity udīritaḥ" iti ‖21.2‖

■ 해 설 ■

어떤 것이 실질적으로 다른 것으로 현현하는 것을 변형(vikāra)이라고 부르고, 어떤 것이 허구적으로 다른 것으로 현현하는 것을 가현

(vivarta)이라고 부른다. 변형은 전변(pariṇāma)과 유의적이다. 그래서 전자는 전변설(pariṇāma-vāda), 후자는 가현설(vivarta-vāda)이라고 불린다. 《베단따 빠리바샤》 1장에 따르면, 전변설은 원인인 찰흙과 결과인 항아리 사이처럼 원인과 결과의 존재론적 위상이 같은 경우(samasattāka)를 말하며, 가현설은 원인인 밧줄과 결과인 뱀 사이처럼 원인과 결과의 존재론적 위상이 다른 경우(viṣamasattāka)를 말한다.

출처를 알 수 없는 인용 문구는, 《베단따 깔빠따루 빠리말라》(Vedānta-kalpataru-parimala, 《브라흐마 수뜨라》에 대한 복주석 가운데 하나) 1.2.21의 시작 부분에 나오는 문구(tattvato 'nyathā bhāvaḥ pariṇāmaḥ, atattvato 'nyathā bhāvo vivarta iti vā)와 비슷하다.

**21.3** 이를 풀이한다. 향유의 처소로서 모든 네 종류 현시적 신체들의 총체와 이른바 향유대상으로서 음식과 음료 등, 그것들의 처소인 것으로서 부르 등 14세계들, 그리고 그것들(14세계들)의 처소인 것으로서 원초적 알이라는 이 모든 것들은, 원인의 형태인 오합체 원소들 자체에 속한다.

tathā hi | etad bhogāyatanaṃ caturvidhasakalasthūlaśarīrajātaṃ bhogyarūpānnapānādikam etadāyatanabhūtabhūrādicaturdaśabhuvanāny etadāyatanabhūtaṃ brahmāṇḍaṃ caitat sarvam eteṣāṃ kāraṇarūpaṃ pañcīkṛtabhūtamātraṃ bhavati ‖ 21.3 ‖

▒ 해 설 ▒

가탁된 것(가현된 것)으로부터 탈-가탁하기 위해서는, 실재에서 시작하여 현시적 세계로 끝나는 가탁의 순서를 거꾸로 따라가는 것이 필요하다. 여기에서는 먼저, 모든 현시적인 세계의 원인이 5현시원소(오합체 원소들)라는 점을 밝힌다.

향유의 처소인 모든 네 종류의 현시적 신체들(본문 16.2에서 16.6)과 그 현시적 신체들의 향유대상인 음식과 음료 등(16.1), 그러한 것들의 처소인 14세계들(16.1), 그리고 14세계들의 처소인 원초적 알(16.1)과 같은 이 모든 것들은 하나의 원인을 가진다(16.1). 그것이 바로 오합체 원소들, 즉 현시원소들이다.

**21.4** 소리 등의 대상들과 함께 그러한 오합체 원소들, 그리고 미시적 신체들의 총체라는 이 모든 것들은, 원인의 형태인 미-오합체 원소들 자체에 속한다.

etāni śabdādiviṣayasahitāni pañcīkṛtāni bhūtāni sūkṣmaśarīrajātaṃ caitat sarvam eteṣāṃ kāraṇarūpāpañcīkṛtabhūtamātraṃ bhavati ‖ 21.4 ‖

**해 설**

여기에서는 5현시원소 등과 모든 미시적인 세계의 원인이 5미시원소(미-오합체 원소들)라는 점을 밝힌다.

오합체가 생성될 때에 현시하는 소리 등의 감관 대상들(본문 15.6), 오합체로서 현시원소들, 그리고 미시적 신체들과 같은 이 모든 것들은 하나의 원인을 가진다(12.4). 그것이 바로 미-오합체 원소들 즉 미시원소들이다.

**21.5** 삿뜨와 등의 구나들과 함께 그러한 미-오합체들은, 생성의 역순에 따라, 그것들의 원인으로 존재하는 '무지에 의해 한정된 순수의식' 자체에 속한다.

etāni sattvādiguṇasahitāny apañcīkṛtāny utpattivyutkrameṇaitatkāraṇabhūtājñānopahitacaitanyamātraṃ bhavati ‖ 21.5 ‖

▮ 해 설 ▮

여기에서는 삿뜨와 등의 구나들과 5미시원소의 원인이 '무지에 의해 한정된 순수의식'이라는 점을 밝힌다.

무지를 이루는 삿뜨와 등의 구나들, 그리고 미-오합체로서 5미시원소는 생성의 역순에 따라 하나의 원인을 가진다(본문 12.1). 그것이 바로 '무지에 의해 한정된 순수의식'이다.

**21.6** 그러한 무지, 그리고 이슈와라 등의 '무지에 의해 한정된 순수의식'은, 그것들의 근저로 존재하는 이른바 '한정되지 않은 순수의식', '뚜리야', '브라흐만 자체'에 속한다.

etad ajñānam ajñānopahitaṃ caitanyaṃ ceśvarādikam etadādhārabhūtānupahitacaitanyarūpaṃ turīyaṃ brahmamātraṃ bhavati ‖ 21.6 ‖

▮ 해 설 ▮

'무지', 그리고 이슈와라(신) 등과 같은 '무지에 의해 한정된 순수의식'은 생성의 역순에 따라 하나의 근저를 가진다. 그것이 바로 이른바 '한정되지 않은 순수의식'으로서 뚜리야 또는 브라흐만 자체이다.

이로써 탈-가탁(가탁의 파기)의 모든 과정이 상세하게 설명된다. 탈-가탁의 과정은 생성(가탁)의 역순에 따라 이러하다. (1) 모든 현시적인 세계의 원인은 5현시원소이다. (2) 5현시원소 등과 모든 미시적인 세계의 원인은 5미시원소이다. (3) 구나들과 5미시원소의 원인은 '무지에 의해 한정된 순수의식'이다. (4) '무지'와 '무지에 의해 한정된 순수의식'의 원인(근저)은 '한정되지 않은 순수의식'이다.

## 22. 명시적 의미와 함축적 의미

**22.1** 이러한 가탁과 탈-가탁에 의해 '그것'과 '너'라는 말의 명료한 의미 또한 확정된다.

ābhyām adhyāropāpavādābhyāṃ tattvampadārthaśodhanam api siddhaṃ bhavati ‖ 22.1 ‖

■ 해 설 ■

본문 6편부터 21편까지 설명한 가탁과 탈-가탁의 과정(방법)을 이해함으로써, 우빠니샤드의 대문구인 '그것이 너이다'(tat tvam asi)에서 '그것'(tat)과 '너'(tvam)라는 말이 가지는 의미를 명료화하는 것이 가능하게 된다. 바꿔 말해서, '가탁된 것들'(비-실재)과 '가탁의 근저'(실재)를 분별함으로써 '개별자와 브라흐만의 동일성'을 가르치는 베단따 문구의 취지를 명료화할 수 있게 된다.

가탁된 것들과 가탁의 근저는 집합적(대우주적) 관점과 개별적(소우주적) 관점을 통해 파악된다. '그것'이라는 말은 집합적 관점과 관계가 있으며, '너'라는 말은 개별적 관점과 관계가 있다. 그래서 본문

22.2에서는 집합적 관점에서 가탁된 것들과 가탁의 근저가 '그것'의 명시적 의미라고 하고, 22.3에서는 집합적 관점에서 가탁의 근저(순수의식)가 '그것'의 함축적 의미라고 한다. 반면, 22.4에서는 개별적 관점에서 가탁된 것들과 가탁의 근저가 '너'의 명시적 의미라고 하고, 22.5에서는 개별적 관점에서 가탁의 근저(순수의식)가 '너'의 함축적 의미라고 한다. 결과적으로 집합적 관점에서 가탁의 근저와 개별적 관점에서 가탁의 근저는 같다. 곧 '그것'이라는 말의 함축적 의미와 '너'라는 말의 함축적 의미는 같다. 그래서 아드와이따 베단따의 궁극적 교훈인 '개별자와 브라흐만의 동일성'이란, 바로 개별적(소우주적) 관점에서 가탁의 근저와 집합적(대우주적) 관점에서 가탁의 근저 사이의 동일성이다.

**22.2** 이를 풀이한다. 무지 등의 집합, 전지성 등으로 특징지어지는 '그것들(무지 등의 집합)에 의해 한정된 순수의식들', 그리고 그것들에 의해 한정되지 않은 순수의식이라는 이 세 가지는, 붉게 단 쇠구슬처럼, 단일한 것으로 나타나면서 '그것'이라는 말의 명시적 의미가 된다.

tathā hi | ajñānādisamaṣṭir etadupahitaṃ sarvajñatvādiviśiṣṭaṃ caitanyam etadanupahitaṃ caitat trayaṃ taptāyaḥpiṇḍavad ekatvenāvabhāsamānaṃ tatpadavācyārtho bhavati ‖ 22.2 ‖

■ 해 설 ■

(1) 무지, 미시적 신체, 현시적 신체의 집합, (2) 그것들 각각에 의해 한정된 순수의식들인 이슈와라(전지성으로 특징지어지는 것), 수뜨라뜨마

(또는 히란야가르바), 바이슈와나라, (3) 그것들에 의해 한정되지 않은 순수의식이라는 이 세 가지는, 마치 붉게 단 쇠구슬에서 불과 쇠의 구분이 불가능하듯이, 구분되지 않은 채 단일한 것(ekatva)으로 나타나면서, '그것이 너이다'라는 대문구에서 '그것'(tat)이라는 말에 대한 명시적, 직접적, 일차적 의미(vācyārtha)가 된다.

**22.3** 이러한 '한정자'와 '한정된 것'의 근저로 존재하는 한정되지 않은 순수의식은, '그것'이라는 말의 함축적 의미가 된다.

etad upādhyupahitādhārabhūtam anupahitaṃ caitanyaṃ tatpada-lakṣyārtho bhavati ‖ 22.3 ‖

■ 해 설 ■

다른 한편, 무지, 미시적 신체, 현시적 신체의 집합과 같은 '한정자들', 그리고 이슈와라 · 수뜨라뜨마 · 바이슈와나라와 같은 '한정된 것들'(한정물들)에 대한 근저는, 무지 등의 집합에 의해 한정되지 않은 순수의식이다. 바로 이러한 한정되지 않은 순수의식이 '그것이 너이다'라는 대문구에서 '그것'(tat)이라는 말에 대한 함축적, 간접적, 이차적 의미(lakṣyārtha)가 된다.

본문 22.2에서는 '그것들에 의해 한정되지 않은 순수의식' 또한 '그것'이라는 말의 명시적 의미라고 한다. 그리고 다시 여기에서 '한정되지 않은 순수의식'이 '그것'이라는 말의 함축적 의미라고 한다. 이렇게 말하는 까닭은 아드와이따 베단따에서 명시적(일차적) 의미를 부분적으로 폐기하고 부분적으로 수용하는 '폐기-수용 함축'(jahadajahallakṣaṇā) 또는 '부분 함축'이라는 독특한 함축을 받아들이기 때문이다(본문 23.7, 27.1). 이는 '너'라는 말의 명시적 의미와 함축적 의미에 관해서 말하는 본문 22.4와 22.5에서도 적용된다.

**22.4** 무지 등의 개별, 미미한 지식 등으로 특징지어지는 '그것들(무지 등의 개별)에 의해 한정된 순수의식들', 그리고 그것들에 의해 한정되지 않은 순수의식이라는 이 세 가지는, 붉게 단 쇠구슬처럼, 단일한 것으로 나타나면서 '너'라는 말의 명시적 의미가 된다.

ajñānādivyaṣṭir etadupahitālpajñatvādiviśiṣṭacaitanyam etadanupahitaṃ caitat trayaṃ taptāyaḥpiṇḍavad ekatvenāvabhāsamānaṃ tvampadavācyārtho bhavati ‖ 22.4 ‖

■ 해 설 ■

(1) 무지, 미시적 신체, 현시적 신체의 개별, (2) 그것들 각각에 의해 한정된 순수의식들인 쁘라즈냐(미미한 지식으로 특징지어지는 것), 따이자사, 비슈와, (3) 그것들에 의해 한정되지 않은 순수의식이라는 이 세 가지는, 마치 붉게 단 쇠구슬에서 불과 쇠의 구분이 불가능하듯이, 구분되지 않은 채 단일한 것으로 나타나면서, '그것이 너이다'라는 대문구에서 '너'(tvam)라는 말에 대한 명시적, 직접적, 일차적 의미가 된다.

**22.5** 이러한 '한정자'와 '한정된 것'의 근저로 존재하는, 내적 환희이고 뚜리야인 한정되지 않은 순수의식은, '너'라는

말의 함축적 의미가 된다.

etad upādhyupahitādhārabhūtam anupahitaṃ pratyagānandaṃ turīyaṃ caitanyaṃ tvampadalakṣyārtho bhavati ‖ 22.5 ‖

▮해 설▮

다른 한편, 무지, 미시적 신체, 현시적 신체의 개별과 같은 '한정자들', 그리고 쁘라즈냐 · 따이자사 · 비슈와와 같은 '한정된 것들'(한정물들)에 대한 근저는, 무지 등의 개별에 의해 한정되지 않은 순수의식이다. 바로 이러한 한정되지 않은 순수의식이, 즉 내적 환희이고 뚜리야인 것이, '그것이 너이다'라는 대문구에서 '너'(tvam)라는 말에 대한 함축적, 간접적, 이차적 의미가 된다.

## 23. 세 가지 관계의 적용

**23.1** 이제 대문구의 의미를 설명한다. '그것이 너이다'라는 이 문구는 세 가지 관계에 따라 불가분적 의미를 전달하게 된다.

atha mahāvākyārtho varṇyate ㅣ idaṃ tat tvam asīti vākyaṃ sambandhatrayeṇākhaṇḍārthabodhakaṃ bhavati ‖ 23.1 ‖

▮주 석▮

akhaṇḍārtha: 불가분적 의미

불가분적 의미는, 유의적이지 않은 두 개 이상의 여러 말들에 따라, 말의 의미들의 연합(saṃsarga)이라는 영역 바깥에서 산출되는 무-차별적(nirvikalpaka) 지식이다. '그것이 너이다'라는 대문구에서 '그것'과 '너'라는 말은 결코 유의적이지 않다. 그럼에도 두 말은 본문 23.2에서 제시되는 세 가지 관계(sambandha)를 통해서 두 말이 가진 의미들의 연합 '이상의 것'을 전달한다. 의미 연합에 따른 문구의 통합적 의미는 '그것이 너이다'라는 대문구로부터 산출되지 않는다는 것이다. 왜냐하면 그 문구에서는, '그것'이 전적으로 '너'이고 '너'가 전적으로 '그것'으로서, 무-차별적인 지식 또는 불가분적인 의미가 산출되기 때문이다. 이와 같이 '그것이 너이다'라는 대문구의 두 말 사이에서 완전한 동일성으로 지시되는 지식이 불가분적 의미이다. 그래서 수레슈와라의 어법을 빌자면, 불가분적 의미는 '탈-문구적 의미'(avākyārtha)이다. 불가분적 의미는 일반적인 문구의 의미 영역을 벗어난 채로 알려지는 까닭에서이다.

▓ 해 설 ▓

가탁과 탈-가탁에 따라 '그것'과 '너'의 어의에 대한 명료화가 이루어진다고 본문 22.1에서 말한 다음, 22.2부터 22.5까지 '그것'과 '너'의 명시적 의미와 함축적 의미를 밝힌다. 이를 바탕으로 하여 23.1부터는 '그것이 너이다'와 같은 대문구에 대한 의미를 해명한다. '그것이 너이다'라는 문구를 해석하기 위해서 세 가지 관계를 적용하며, 그 결과 불가분적 의미가 문구로부터 알려진다.

**23.2** 세 가지 관계라는 것은, 두 말 사이의 '등위적 소재', 두 말의 의미 사이의 '한정어와 한정대상의 관계', 그리고 내적 아뜨만과 함축어 사이의 '함축대상과 함축어의 관계'이다.

sambandhatrayaṃ nāma padayoḥ sāmānādhikaraṇyaṃ padārthayor viśeṣaṇaviśeṣyabhāvaḥ pratyagātmalakṣaṇayor lakṣyalakṣaṇabhāvaś ceti ‖ 23.2 ‖

■ 해 설 ■

(1) '등위적 소재'(sāmānādhikaraṇya)는 '그것'이라는 말과 '너'라는 말이 동일한 것을 지시하는 관계에 있는 경우이다. (2) '한정어와 한정대상의 관계'(viśeṣaṇaviśeṣya-bhāva)란 '그것'이라는 '말의 의미'(padārtha, 말에 의해 지시되는 대상이라고 해도 무방하다)와 '너'라는 말의 의미 사이에 한정의 관계가 있는 경우이다. 마지막으로 (3) '함축대상과 함축어의 관계'(lakṣyalakṣaṇa-bhāva)란 내적 아뜨만이라는 함축대상(함축되는 것)과 '그것'과 '너'라는 두 함축어(함축하는 것) 사이에 함축의 관계가 있는 경우이다.

**23.3** 그래서 "등위적 소재, 한정어와 한정대상의 관계, 그리고 함축대상과 함축어의 관계는, [각각] 말과 [말의] 의미와 내적 아뜨만에 대해서이다"(나이-싯 3.3)라고 말해진다.

tad uktam –

"sāmānādhikaraṇyaṃ ca viśeṣaṇaviśeṣyatā ।

lakṣyalakṣaṇasambandhaḥ padārthapratyagātmanām" iti ‖ 23.3 ‖

■ 해 설 ■

본문 23.3의 인용 문구는 23.2의 출처가 되는 것으로서 수레슈와라의 《나이슈까르므야 싯디》(Naiṣkarmya-siddhi) 3.3에 나온다. 세 가지 관계는 각각 차례대로, 두 말 사이의 관계, 두 말의 의미 사이의 관계, 두 말의 의미와 내적 아뜨만 사이의 관계이다.

**23.4** 먼저 '등위적 소재'로서 관계란 — 예컨대, '그가 이 데와닷따이다'라는 이 문구에서 과거의 특징적 데와닷따를 지시하는 '그'라는 말과 현재의 특징적 데와닷따를 지시하는 '이'라는 말이, [데와닷따의] 하나의 몸뚱이를 취지로 하는 관계이다. 또한 마찬가지로 '그것이 너이다'라는 문구에서도 간접성 등의 특징적 순수의식을 지시하는 '그것'이라는 말과 직접성 등의 특징적 순수의식을 지시하는 '너'라는 말은, 하나의 순수의식을 취지로 하는 관계이다.

sāmānādhikaraṇyasambandhas tāvad yathā so 'yaṃ devadatta ity asmin vākye tatkālaviśiṣṭadevadattavācakasaśabdasyaitatkālaviśiṣṭadevadattavācakāyaṃśabdasya caikasmin piṇḍe tātparyasambandhaḥ | tathā ca tattvamasīti vākye 'pi parokṣatvādiviśiṣṭacaitanyavācakatatpadasyāparokṣatvādiviśiṣṭacaitanyavācakatvampadasya caikasmiṃś caitanye tātparyasambandhaḥ ‖ 23.4 ‖

■ 주 석 ■

sāmānādhikaraṇya: 등위적 소재(等位的 所在)

두 말 사이에 공통적인 격 관계가 성립하면서 의미로 보아 같은 것을 취지로 하는 경우이다. 그래서 형식적 측면에서는 '공통적 격 관계', 의미적 측면에서는 '등위적 소재'라고 할 수 있다. 등위적 소재가 성립하려면 세 가지 조건이 충족되어야 한다. (1) 두 가지 이상의 말이 동일한 격이나 격어미를 가져야 한다. 수(數)는 다를 수 있다. (2) 말들의 일차적(명시적) 의미가 적어도 부분적으로는 달라야 한다. (3) 말들이 의미상으로 동일한 것을 지시해야만 한다. 예컨대, '그가 이 데와닷따이다'(so 'yaṃ devadattaḥ)에서 '그'와 '이'는 모두 1격(주격)이다. 또 '그'의 일차적 의미는 과거의 데와닷따이고 '이'의 일차적 의미는 현재의 데와닷따이므로 의미가 부분적으로 서로 다르다. 그리고 '그'와 '이'는 모두 데와닷따라는 하나의 사람을 가리킨다.

▮ 해 설 ▮

'그가 이 데와닷따이다'라는 문구에서, 과거에 지각한 데와닷따를 가리키는 '그'와 현재에 지각하는 데와닷따를 가리키는 '이'는, 모두 동일한 데와닷따의 신체(piṇḍa)를 지시한다. 마찬가지로 '그것이 너이다'라는 문구에서도, 직접적이지 않고 간접적(parokṣa)인 특징적 순수의식을 가리키는 '그것'과 직접적(aparokṣa)인 특징적 순수의식을 가리키는 '너'는, 모두 동일한 순수의식을 지시한다. 따라서 '그것'과 '너'라는 두 말은 모두 순수의식을 취지(의미, 목적, 의도)로 하는 관계이므로 등위적 소재에 해당된다.

'특징적 순수의식'이란 속성이나 특성을 가진 한정된 순수의식을 말한다. 따라서 '그것'이라는 말은 일차적으로 신(이슈와라)을 뜻하고, '너'라는 말은 일차적으로 개별자(쁘라즈냐)를 뜻한다. 신은 직접 알려지지 않고 계시를 통해서 알려지므로 간접성(원접성)을 특징으로 하며, 개별자는 직접 알려지므로 직접성을 특징으로 한다. '간접성 등'과 '직접성 등'에서 '등'이 뜻하는 바는, 전자에서는 전지성 · 전능성 따위이고, 후자에서는 미미한 지식, 결여된 권능 따위이다(본문 7.4, 7.9).

**23.5** 한편, '한정어와 한정대상의 관계'로서 관계란 – 예컨대, 바로 그 경우의 문구('그가 이 데와닷따이다')에서 '그'라는 말의 의미인 과거의 특징적 데와닷따와 '이'라는 말의 의미인 현재의 특징적 데와닷따가 서로의 차이를 배제함으로써 '한정어와 한정대상의 관계'이다. 마찬가지로 이 경우의 문구('그것이 너이다')에서도 '그것'이라는 말의 의미인 간접성 등의 특징적 순수의식과 '너'라는 말의 의미인 직접성 등의 특징적 순수의식은 서로의 차이를 배제함으로써 '한정어와 한정대상의 관계'이다.

viśeṣaṇaviśeṣyabhāvasambandhas tu yathā tatraiva vākye saśabdārthatatkālaviśiṣṭadevadattasyāyaṃśabdārthaitatkālaviśiṣṭadevadattasya cānyonyabhedavyāvartakatayā viśeṣaṇaviśeṣyabhāvaḥ | tathātrāpi vākye tatpadārthaparokṣatvādiviśiṣṭacaitanyasya tvampadārthāparokṣatvādiviśiṣṭacaitanyasya cānyonyabhedavyāvartakatayā viśeṣaṇaviśeṣyabhāvaḥ || 23.5 ||

▌주 석▐

**viśeṣaṇaviśeṣyabhāva: 한정어와 한정대상의 관계**

두 말의 의미 사이에서 또는 두 말에 의해 지시되는 각각의 대상 사이에서 서로의 차이가 배제됨으로써 한정이 성립하는 경우이다. 두 말은 일방적으로 한정하거나 서로 한정할 수 있다.

'한정어와 한정대상의 관계'에서 하나가 다른 하나를 한정하는 예로서는, '막대기를 가진 데와닷따'(daṇḍī devadattaḥ)를 들 수 있다. 이 경우에 '막대기를 가짐'은 '데와닷따'를 한정하지만, '데와닷따'가 '막대기를 가짐'을 한정하지는 않는다. 이것을 '한정 관계'(viśiṣṭa-sambandha)

라고 부른다. 한편, 서로 한정하는 예로서는, '푸른 수련'(nīlam utpalam)을 들 수 있다. 이 경우에는 '푸름'이 '수련'을 한정하는 동시에 '수련'이 '푸름'을 한정한다. 곧 '모든 수련이 아닌 오직 푸른 수련'인 동시에 '모든 푸름이 아닌 오직 수련의 푸름'이다. 이것을 '상호한정 관계'(saṃsṛṣṭa-sambandha)라고 부른다.

■ 해 설 ■

과거에 지각한 데와닷따를 가리키는 '그'와 현재에 지각하는 데와닷따를 가리키는 '이'에서, '그 데와닷따'의 '이 데와닷따'가 아닌 것이 제거되거나 '이 데와닷따'의 '그 데와닷따'가 아닌 것이 제거됨으로써 한정의 관계가 성립한다. 마찬가지로 '그것'과 '너'의 경우에도, '그것'의 '너'가 아닌 것이 제거되거나 '너'의 '그것'이 아닌 것이 제거됨으로써 한정의 관계가 성립한다. 두 예시 모두에 일방적 한정 관계나 상호한정 관계가 적용될 수 있다.

**23.6** 한편, '함축대상과 함축어의 관계'란 – 예컨대, 바로 그 경우의 문구('그가 이 데와닷따이다')에서 '그'라는 말과 '이'라는 말 사이에 또는 그것들의 의미 사이에, 모순되지 않는 데와닷따를 동반하면서 과거와 현재의 모순되는 특징성을 버림으로써 '함축대상과 함축어의 관계'이다. 마찬가지로 이 경우의 문구('그것이 너이다')에서도 '그것'과 '너'라는 말 사이에 또는 그것들의 의미 사이에, 모순되지 않는 순수의식을 동반하면서 간접성과 직접성 등의 모순되는 특징성을 버림으로써 '함축대상과 함축어의 관계'이다.

lakṣyalakṣaṇasambandhas tu yathā tatraiva vākye saśabdāyaṃ-śabdayos tadarthayor vā viruddhatatkālaitatkālaviśiṣṭatvaparityāge-nāviruddhadevadattena saha lakṣyalakṣaṇabhāvaḥ । tathātrāpi vā-kye tattvampadayos tadarthayor vā viruddhaparokṣatvāparokṣat-vādiviśiṣṭatvaparityāgenāviruddhacaitanyena saha lakṣyalakṣaṇa-bhāvaḥ ॥ 23.6 ॥

■ 주 석 ■

**lakṣyalakṣaṇasambandha(-bhāva): 함축대상과 함축어의 관계**

두 말 사이에 또는 두 말의 의미 사이에 모순(상충)되는 특징들을 버림으로써 모순되지 않는 동일한 대상이 두 말 사이에 또는 두 말의 의미 사이에 함축되는 경우이다. 함축하는 것으로서 두 말은 함축어가 되고, 함축되는 것으로서 동일한 대상은 함축대상이 된다.

함축(lakṣaṇā)이란 어떤 말의 일차적(명시적) 의미가 적용되지 않는 경우에 그 말이 일차적 의미와 관련된 지시대상을 가리키는 경우이다. 《바끄야 브릇띠》(Vākya-vṛtti) 47에서는 함축을 "일차적 의미가 다른 지식수단과 모순되어 수용되지 않는 경우에 일차적 의미와 관련된 것에 대해 확정하는 것"이라고 정의한다. 함축이 가능하기 위해서는 세 가지 조건이 충족되어야 한다. (1) 어떤 말의 일차적 의미에 부적합성(bādha)이 있어야 한다. (2) 그 말의 일차적 의미가 실제적 지시대상과 관련이 있어야 한다. (3) 전환된 의미(이차적 의미)에 대한 관습적 사용(rūḍhi)이나 전환된 의미를 정당화하는 목적(prayojana)이 있어야 한다.

■ 해 설 ■

과거에 지각한 데와닷따를 가리키는 '그'와, 현재에 지각하는 데와닷따를 가리키는 '이'에서 모순되는 '데와닷따의 특징들'을 버림으로써, 모순되지 않는 데와닷따라는 동일한 대상이 두 말의 함축대상이 되고 두 말은 함축어가 된다. 마찬가지로 '그것'과 '너'의 경우에도, 모순되는 '순수의식의 특징들' 즉 '그것'의 간접성 등과 '너'의 직접성 등을 버림으로써, 모순되지 않는 순수의식이라는 동일한 대상은 두 말의 함축대상이 되고 두 말은 함축어가 된다.

**23.7** 바로 이것이 부분 함축이라고 말해진다.

iyam eva bhāgalakṣaṇety ucyate ‖ 23.7 ‖

▌주 석▌

lakṣaṇā: 함축

전통적으로 80여 종류의 함축들이 전해지고 그것들은 다양한 방식으로 분류될 수 있다. 대문구의 해석과 관련해서는 '일차적 의미와 이차적 의미 사이의 관련 정도', 즉 '두 가지 관련항들의 관련 정도'에 따른 분류가 중요하다. 그러한 분류에서 기본적인 두 가지 함축은 (1) 지시적 함축(lakṣaṇa-lakṣaṇā)과 (2) 수용적 함축(upādāna-lakṣaṇā)이다. 지시적 함축은 다른 것을 소개하기 위해 그 자체를 버리는 것이기 때문에 '자체 의미의 폐기 함축'(jahat-svārthā-lakṣaṇā)이라고 말해지고, 수용적 함축은 그 자체를 확립하기 위해 다른 것을 소개하는 것이기 때문에 '자체 의미의 수용 함축'(ajahat-svārthā-lakṣaṇā)이라고 말해진다.

아드와이따 베단따에서 널리 쓰이는 용어를 따르자면, (1)은 폐기 함축(jahat-lakṣaṇā)이고 (2)는 수용 함축(ajahat-lakṣaṇā)이다. 한편, 아드와이따 베단따에서 가장 중요한 함축은 (3) 폐기-수용 함축(jahat-ajahat-lakṣaṇā)이다. 함축어들의 일차적(명시적) 의미를 부분적으로 폐기하고 부분적으로 수용하는 함축이기 때문에 부분 함축(bhāga-lakṣaṇā)이라고 불린다. 부분 함축이란 부분-폐기 함축(bhāga-tyāga-lakṣaṇā)을 줄여서 부른 것이다.

■ 해 설 ■

본문 23.4부터 23.6까지는 '그것이 너이다'라는 문구의 해석에 적용될 수 있는 세 가지 관계, 즉 '등위적 소재', '한정어와 한정대상의 관계', '함축대상과 함축어의 관계'를 '그가 이 데와닷따이다'라는 비교적 이해하기 쉬운 문구와 대비시켜 조명한다. 그러고 나서, 여기에서는 '함축대상과 함축어의 관계'에서 말해지는 것이 바로 아드와이따 베단따의 부분 함축, 즉 폐기-수용 함축이라고 말한다. 곧 두 말 사이에 또는 그것들의 의미 사이에 모순되지 않는 부분을 동반(수용)하면서 모순되는 부분을 버리는(폐기하는) 것이 폐기-수용 함축이다.

세 가지 관계는 대문구의 의미를 올바르게 이해하기 위한 방법들이다. '그것이 너이다'라는 대문구는 이러한 세 가지 관계로 불가분적 의미를 전달한다고 알려져 있다. 먼저 '등위적 소재'(공통적 격 관계)를 통해서는 '그것'과 '너'라는 두 말이 동일한 대상을 취지로 한다는 것을 알 수 있다(본문 23.4). 비록 '그것'과 '너'라는 말의 의미가 다르고 그 결과 두 말이 지시하는 대상이 다르다는 것을 알고 있더라도, 두 말이 공통적 격 관계를 이루고 있음으로 말미암아 그것들이 동일한 것을 뜻한다는 사실이 밝혀진다. 그 다음에는 '한정어와 한정대상의 관계'를 통해서 '그것'과 '너'라는 두 말 사이에 차이(bheda)가 제거될 수 있다(본문 23.5). 이 단계에서는, '그것'이라는 말에 의해 한정된 '너'라는 말(그것으로서 너)이 쁘라즈냐의 직접성 등(너의 '그것이 아닌 것')을 제거하고, '너'라는 말에 의해 한정된 '그것'이라는 말(너로서 그것)이 이슈와라의 간접성 등(그것의 '너가 아닌 것')을 제거함으로써 두 말의 내포가 가진 차이를 배제할 수 있다. 예컨대, 푸른 수련은 수련의 '흰색 등'(푸름이 아닌 것)을 제거하고, 수련의 푸름은 푸름의 '천 등'(수련이 아닌 것)을 제거함으로써 두 말의 차이가 배제된다. 그럼에도 '그것'과 '너'라는 말의 명시적 의미를 적용할 경우에 '그것이 너이다'라는 문구의 의미는 지각 등의 지식수단과 상충되고 만다(본문 24.3). 명시적 의미에서 '그것'과 '너'라는 말은 결코 '차이가 없는'(동일한) 것이라고 알려지지 않기 때문이다. 그래서 다음 단계인 '함축대상과 함축어의 관계'를 통해서 '그것'과 '너'라는 두 말 사이에 서로 모순되는 부분을 버리고 모순되지 않는 부분을 취함으로써 두 함축어에 의해 함축된 어떤 것(함축대상)을 알 수 있다(본문 23.6). 그 결과 '그것'과 '너'라는 말 사이에 서로 모순되지 않는 부분이 바로 순수의식으로서 브라흐만이라는 사실이 밝혀진다. '그것'과 '너'라는 말 사이의 불가분적 의미가 밝혀진다는 것이다. 이와 같이 '그것이 너이다'라는 대문구의 의미는 '함축대상과 함축어의 관계'를 통해서 온전하게 해명된다. 그리고 '함축대상과 함축어의 관계'에서 적용되는 함축은 부분 함축이다.

## 24. 명시적 의미의 부적합성

**24.1** 이 문구('그것이 너이다')에서는 '푸른 수련이다'라는 문구에서와 같은 명시적 의미가 적합하지 않다.

asmin vākye nīlam utpalam iti vākyavad vākyārtho na saṅgacchate ‖ 24.1 ‖

■ 주 석 ■

vākyārtha: 명시적 의미

직역하면 '문구의 의미'이지만 'vācya-artha' 즉 '명시적 의미'라는 뜻으로 쓰인다고 볼 수 있다.

■ 해 설 ■

계시서의 대문구인 '그것이 너이다'에 대해, '푸른 수련이다'(또는 '수련이 푸르다')라는 문구에서 살펴지는 명시적 의미를 적용하는 것은 정당하지 않다.

**24.2** 한편 그('푸른 수련이다') 경우에, '푸른'이라는 말의 의미인 푸른 속성과 '수련'이라는 말의 의미인 수련의 본체에 대해, [각각] 흰색, 천 등의 차이를 배제함으로써 서로 한정어와 한정대상의 관계인 상호한정이거나 둘 가운데 하나의 한정으로서 둘의 동일성이거나, 명시적 의미를 받아들이는 경우에 다른 지식수단과 모순이 없기 때문에 그 명시적 의미는 적합하다.

tatra tu nīlapadārthanīlaguṇasyotpalapadārthotpaladravyasya ca śauklyapaṭādibhedavyāvartakatayānyonyaviśeṣaṇaviśeṣyabhāvasaṃsargasyānyataraviśiṣṭasyānyatarasya tadaikyasya vā vākyārthatvāṅgīkāre pramāṇāntaravirodhābhāvāt tadvākyārthaḥ saṅgacchate ‖ 24.2 ‖

■ 해 설 ■

'푸른 수련이다'라는 문구에서 '푸른'이라는 말은 '푸른 속성'을 가리키고, '수련'이라는 말은 '수련의 본체'를 가리킨다. 그리고 '푸름'은 흰색과 같이 그 자체와 차이 있는 다른 속성들을 배제함으로써 '수련'은 반드시 '푸른 수련'이 되고, '수련'은 천과 같이 그 자체와 차이 있는 다른 본체들을 배제함으로써 '푸름'은 반드시 '수련의 푸름'이 된다. 이 경우에 한정이란 상호한정(saṃsṛṣṭa, saṃsarga)이거나 일방적 한정(viśiṣṭa)이다. 그리고 '푸른'과 '수련'의 명시적 의미를 받아들일 경우에, '푸른 수련' 또는 '수련의 푸름'이라는 것은 지각 등의 지식수단들과 결코 모순되지 않기 때문에, '푸른 수련이다'라는 문구에 명시적 의미를 적용하는 것은 정당하다.

**24.3** 반면 이('그것이 너이다') 경우에, '그것'의 의미인 간접성 등의 특징적 순수의식과 '너'의 의미인 직접성 등의 특징적 순수의식에 대해, 서로의 차이를 배제함으로써 한정어와 한정대상의 관계인 상호한정이거나 둘 가운데 하나의 한정으로서 둘의 동일성이거나, 명시적 의미를 받아들이는 경우에 지각 등의 지식수단과 모순되기 때문에 명시적 의미는 적합하지 않다.

atra tu tadarthaparokṣatvādiviśiṣṭacaitanyasya tvamarthāparokṣatvādiviśiṣṭacaitanyasya cānyonyabhedavyāvartakatayā viśeṣaṇa-viśeṣyabhāvasaṃsargasyānyataraviśiṣṭasyānyatarasya tadaikyasya ca vākyārthatvāṅgīkāre pratyakṣādipramāṇavirodhād vākyārtho na saṅgacchate ‖ 24.3 ‖

▌해 설▐

'푸른 수련이다'라는 문구를 명시적 의미를 통해 해석하는 것은 정당하지만, '그것이 너이다'라는 문구를 그렇게 해석하는 것은 정당하지 않다. 사실 '푸른 수련이다'라는 문구에서와 마찬가지로 '그것이 너이다'라는 문구에서도 '그것'과 '너'의 의미 차이를 배제하는 방식으로 상호한정이나 일방적 한정이 가능하다. 하지만 '그것이 너이다'라는 문구에 명시적 의미를 받아들이게 되면 필연적으로 지각 등의 지식수단과 모순이 생긴다. 명시적 의미가 관계하는 한, '그것'은 간접성 등의 특징을 가진 것이고 '너'는 직접성 등의 특징을 가진 것임으로 말미암아, 양자의 동일성(무-차이)은 지각 등에 결코 지지될 수 없기 때문이다. 그러므로 '그것이 너이다'라는 문구에 명시적 의미를 적용하는 것은 정당하지 못하다.

**24.4** 그래서 "이('그것이 너이다') 경우에 문구의 의미는 상호한정이라고도 한정이라고도 여겨지지 않는다. 문구의 의미는 불가분적 동질성에 따라 [알려진다는 것이] 식자들의 의견이다"(빤짜 7.75)라고 말해진다.

tad uktam –

"saṃsargo vā viśiṣṭo vā vākyārtho nātra sammataḥ |
akhaṇḍaikarasatvena vākyārtho viduṣāṃ mataḥ" iti ‖ 24.4 ‖

▌해 설▐

'푸른 수련이다'(nīlam utpalam)라는 문구에서 '푸름'과 '수련'은 '상호한정 관계'(saṃsṛṣṭa-sambandha)를 가진다. 이것이 여기에서 말하는 상호

한정(saṃsarga)이다. 그런데 '푸른 수련이다'에서 '푸름'은 속성이고 '수련'은 본체임으로 말미암아 '푸름'이라는 한정어를 가진 '수련'이라는 의미만 가능하고 그 반대의 의미가 불가능할 수 있기 때문에, 두 말이 일방적 '한정 관계'(viśiṣṭa-sambandha)를 가진다고 해석할 수도 있다. 이것이 여기에서 말하는 한정(viśiṣṭa)이다.

'그것이 너이다'라는 문구의 의미는, 단순히 여러 말들의 연합을 통해 전달되는 '연합적 의미'(saṃsarga-artha)도 아니고, 상호한정이나 일방적 한정을 통해 전달되는 '한정적 의미'(viśiṣṭa-artha)도 아니고, 오직 연합의 영역 바깥에서 한정이 아닌 함축을 통해 전달되는 '불가분적 의미'(akhaṇḍa-artha)이다. 베단따에 정통한 자들도 '그것이 너이다'라는 문구의 의미가 '그것'과 '너'라는 두 말의 '불가분적 동질성'(akhaṇḍaika-rasatva)에 따라 알려진다고 생각한다. '그것'이라는 말과 '너'라는 말에서, '그것'은 전적으로 '너'이고 '너'는 전적으로 '그것'으로서, 둘 사이에는 본질적으로 불가분적인 동질성이 내재되어 있다는 것이다.

원문의 인용 문구는 《바끄야 브릇띠》 38과도 같은 내용이다.

## 25. 폐기 함축의 부적합성

**25.1** 이('그것이 너이다') 경우에는 '강가(갠지스 강)에 부락이 거주한다'라는 문구에서와 같은 폐기 함축 또한 적합하지 않다.

atra gaṅgāyāṃ ghoṣaḥ prativasatīti vākyavaj jahallakṣaṇāpi na saṅgacchate ‖ 25.1 ‖

▒ 주 석 ▒

jahallakṣaṇā: 폐기 함축

어떤 말의 일차적(직접적, 명시적) 의미가 적용되지 않는 경우, 그 말의 일차적 의미가 완전히 폐기(jahat)되고 그 말과 관련된 이차적(간접적, 함축적) 의미가 알려지는 것이다. 《베단따 빠리바샤》 4장에서는 폐기 함축을 "명시적 의미(śakyārtha)를 포함하지 않은 채 다른 의미를 확정하는 경우"라고 정의한다.

▒ 해 설 ▒

본문 24.1에서 '그것이 너이다'라는 문구에 명시적 의미를 적용하는 것이 적합하지 않다고 말한 다음, 24.4에 이르기까지 그 점에 대해 상설한다. 이제 명시적 의미를 적용하지 않고 함축적 의미를 적용해야 한다면, 어떤 종류의 함축을 적용할 것인가가 문제시된다. 이러한 연관에서 25편에서는 먼저, '강가에 부락이 거주한다'(gaṅgāyāṃ ghoṣaḥ prativasati)라는 문구에서 보이는 폐기 함축을 '그것이 너이다'라는 문구에 적용하는 것이 적합하지 않다는 점을 주장한다.

**25.2** 한편 그('강가에 부락이 거주한다') 경우에는, '강가'와 '부락' 사이에 '처소와 거주물'의 관계로 지시되는 명시적 의미가 완전히 모순됨으로 말미암아, 명시적 의미를 완전히 버린 채로 그것('강가')과 관련된 '강둑'을 함축하는 것은 합당하기 때문에, 폐기 함축이 적합하다.

tatra tu gaṅgāghoṣayor ādhārādheyabhāvalakṣaṇasya vākyārthasyāśeṣato viruddhatvād vākyārtham aśeṣataḥ parityajya tatsambandhitīralakṣaṇāyā yuktatvāj jahallakṣaṇā saṅgacchate ‖ 25.2 ‖

▌해 설▐

'강가에 부락이 거주한다'라는 문구에서 '강가'(갠지스 강)와 '부락' 사이에는 '처소와 거주물'(ādhāra-ādheya)의 관계가 있다. 곧 '강가'라는 처소에 '부락'이라는 거주물이 있다. 그렇지만 명시적 의미의 '강가' 위에 '부락'이 거주할 수는 없기 때문에 '강가'의 명시적 의미는 완전히 모순되는 것이다. 따라서 '강가'라는 말의 명시적 의미는 폐기되어야 한다. 그 명시적 의미를 완전히 버리고 나면, '강가'라는 말과 관계된 것으로서 함축적 의미인 '강둑'이 수용된다. '강가' 즉 갠지스 강 위에 '부락'이 거주할 수는 없지만, '강둑' 위에 '부락'이 거주할 수는 있다. '강가'가 '강둑'을 함축할 경우에는 모순이 없고 합당하다. 그러므로 '강가에 부락이 거주한다'라는 문구에 폐기 함축을 적용하는 것은 정당하다.

**25.3** 반면 이('그것이 너이다') 경우에는, 간접적이고 직접적인 순수의식 사이의 동일성으로 지시되는 명시적 의미가 부분에서만 모순됨으로 말미암아, [모순되지 않는] 다른 부분 역시 버린 채로 어떤 것을 함축하는 것은 합당하지 않기 때문에, 폐기 함축이 적합하지 않다.

atra tu parokṣāparokṣacaitanyaikatvalakṣaṇasya vākyārthasya bhāgamātre virodhād bhāgāntaram api parityajyānyalakṣaṇāyā ayuktatvāj jahallakṣaṇā na saṅgacchate ‖ 25.3 ‖

▌해 설▐

'그것'과 '너'의 동일성을 지시하는 '그것이 너이다'라는 문구에서, '그것'과 '너' 사이에는 '간접성' 등과 '직접성' 등이라는 명시적 의미상의 모순이 있다. 그렇지만 '그것'과 '너' 사이에는 양자가 모두 순수 의식임으로 말미암아 모순되지 않는 측면도 있다. '그것'과 '너'는 부분적으로 모순되지만 또 부분적으로 모순되지 않는다. 모순되는 부분은 버려도 되지만 모순되지 않는 부분조차 버리는 것은 부당하기 때문에, 명시적 의미를 완전히 버리는 폐기 함축을 '그것이 너이다'라는 문구에 적용하는 것은 정당하지 않다.

**25.4** 더욱이, '강가'라는 말이 그 자체 의미를 버림으로써 '강둑'이라는 말의 의미를 함축하듯이, 마찬가지로 '그것'이라는 말이나 '너'라는 말이 그 자체 의미를 버림으로써 [각각] '너'라는 말의 의미나 '그것'이라는 말의 의미를 함축한다면, 그로부터, 무엇 때문에 폐기 함축이 적합하지 않는가, 라고 말해서는 안 된다.

na ca gaṅgāpadaṃ svārthaparityāgena tīrapadārthaṃ yathā lakṣayati tathā tatpadaṃ tvampadaṃ vā svārthaparityāgena tvampadārthaṃ tatpadārthaṃ vā lakṣayatv ataḥ kuto jahallakṣaṇā na saṅgacchata iti vācyam ‖ 25.4 ‖

▮ 해 설 ▮

본문 25.1부터 25.3까지의 주장에 대해 제기될 수 있는 반론을 보여준다. '강가'라는 말이 '자체 의미' 즉 명시적 의미를 버림으로써 '강둑'이라는 말의 의미를 함축하듯이, '그것'이라는 말이나 '너'라는 말 또한 각각의 자체 의미를 버림으로써 각각 '너'라는 말의 의미나 '그것'이라는 말의 의미를 함축할 수 있지 않는가? 만약 사정이 이러하다면, '그것이 너이다'라는 문구에 폐기 함축이 적합하지 않다고 주장할 수 없지 않는가? 하지만 이와 같은 반론은 타당하지 않다(본문 25.5).

**25.5** 그('강가에 부락이 거주한다') 경우에는 '강둑'이라는 말을 못 들음으로 말미암아 그것('강둑')의 의미에 대한 확정이 없을 때에 함축을 통해 그것에 대해 확정하는 것이 필요하다고 할지라도, [이 경우에는] '그것'과 '너'라는 말에 대해 듣고 있음으로 말미암아 그것의 의미에 대한 확정이 있을 때에 함축을 통해 다시금 '어느 하나의 말'로써 '다른 하나의 말의 의미'에 대해 확정하는 것이 필요하지 않기 때문이다.

tatra tīrapadāśravaṇena tadarthāpratītau lakṣaṇayā tatpratītya-pekṣāyām api tattvampadayoḥ śrūyamāṇatvena tadarthapratītau lakṣaṇayā punar anyatarapadenānyatarapadārthapratītyapekṣā-bhāvāt ‖ 25.5 ‖

■ 해 설 ■

'강가에 부락이 거주한다'라는 문구에서는 '강둑'이라는 말이 쓰이지 않기 때문에 그 말의 의미에 대한 확정이 없다. 따라서 '강가'라는 말의 함축으로써 '강둑'이라는 말에 대해 확정하는 것이 필요하다. 그와 달리 '그것이 너이다'라는 문구에서는 '그것'과 '너'라는 말이 이미 쓰이고 있기 때문에 그 두 말의 의미에 대한 확정이 있다. 따라서 '그것'이라는 말의 함축으로써 '너'라는 말에 대해 확정하는 것이나, '너'라는 말의 함축으로써 '그것'이라는 말에 대해 확정하는 것이 필요하지 않다.

## 26. 수용 함축의 부적합성

**26.1** 이('그것이 너이다') 경우에는 '빨강이 달린다'라는 문구에서와 같은 수용 함축 또한 적합하지 않다.

atra śoṇo dhāvatīti vākyavad ajahallakṣaṇāpi na sambhavati ‖ 26.1 ‖

▮ 주 석 ▮

ajahallakṣaṇā: 수용 함축

어떤 말의 일차적(직접적, 명시적) 의미가 적용되지 않는 경우에, 그 말의 일차적 의미가 '폐기되지 않으면서' 즉 '수용되면서'(ajahat) 그 말이 바탕을 두는 이차적(간접적, 함축적) 의미가 더해지는 것이다. 《베단따 빠리바샤》 4장에서는 수용 함축을 "명시적 의미(śakyārtha)를 그저 포함시킨 채 다른 의미를 확정하는 경우"라고 정의한다.

▮ 해 설 ▮

본문 25편에서는 '그것이 너이다'라는 문구에 대해 폐기 함축을 적용하는 것이 적합하지 않다는 점을 상설한다. 이제부터 26편에서는 동일한 문구에 대해 수용 함축을 적용하는 것이 적합하지 않다는 점을 상설한다. 수용 함축의 대표적 예시가 '빨강이 달린다'(śoṇo dhāvati)라는 문구이다.

**26.2** 그('빨강이 달린다') 경우에는, '빨강 속성의 동작'으로 지시되는 명시적 의미가 모순됨으로 말미암아, 그것('빨강')을 버리지 않은 채 그것이 바탕을 두는 '말' 등의 함축을 통해 그 모순을 제거하는 것은 가능하기 때문에, 수용 함축이 적합하다.

tatra śoṇaguṇagamanalakṣaṇasya vākyārthasya viruddhatvāt tadaparityāgena tadāśrayāśvādilakṣaṇayā tadvirodhaparihārasambhavād ajahallakṣaṇā sambhavati ‖ 26.2 ‖

**▮ 해 설 ▮**

'빨강이 달린다'라는 문구의 명시적 의미는 '빨강 속성의 동작'이다. 그렇지만 '빨강'이라는 속성이 동작을 가진다는 것은 모순되기 때문에 함축이 적용되어야 한다. '빨강이 달린다'의 경우에는 '빨강이라는 속성을 가진' 즉 '빨강이라는 속성이 바탕을 두는' 어떤 본체가 함축된다. 곧 빨강의 말, 빨강의 소, 빨강의 마차 등등이다. 그래서 명시적 의미를 완전히 버리는 폐기 함축의 경우와는 달리, 이 경우에는 '빨강'이라는 속성이 폐기되지 않고 수용된다. '달린다'라는 동작의 주체인 본체가 무엇이든지 '빨강'이라는 속성을 가지고 있는 것이어야만 하기 때문이다. 결국 '빨강'은 '빨강이라는 속성을 가진 말 등' 또는 '빨강이라는 속성이 바탕을 두는 말 등'을 함축하므로, '빨강이 달린다'라는 문구에 명시적 의미를 수용하는 수용 함축을 적용하는 것은 정당하다.

**26.3** 반면 이('그것이 너이다') 경우에는, 간접성과 직접성 등의 특징적 순수의식 사이의 동일성으로 [지시되는] 명시적 의미가 모순됨으로 말미암아, 그것을 버리지 않은 채 그것과 관련된 어떤 의미가 함축될 때조차도 그 모순을 제거할 수 없기 때문에, 결코 수용 함축이 적합하지 않다.

atra tu parokṣatvāparokṣatvādiviśiṣṭacaitanyaikatvasya vākyārthasya viruddhatvāt tadaparityāgena tatsambandhino yasya kasyacid arthasya lakṣitatve 'pi tadvirodhaparihārāsambhavād ajahallakṣaṇā na sambhavaty eva ‖ 26.3 ‖

■ 해 설 ■

'빨강이 달린다'라는 문구에서 '빨강 속성의 동작'이라는 명시적 의미가 모순되는 것과 마찬가지로, '그것'과 '너'의 동일성을 지시하는 '그것이 너이다'라는 문구에서도 '그것'과 '너' 사이에는 '간접성' 등과 '직접성' 등이라는 명시적 의미상의 모순이 있다. 수용 함축을 적용할 경우, 전자에서는 '빨강'의 명시적 의미를 버리지 않은 채 그것과 관련된 '말 등'을 함축하는 것이 가능한 반면, 후자에서는 '그것'이나 '너'의 명시적 의미를 버리지 않은 채 그것과 관련된 어떤 의미를 함축하는 것이 가능하지 않다. 전자에서는 함축을 통해 명시적 의미상의 모순이 제거되지만, 후자에서는 함축을 통해서라도 '그것'과 '너' 사이에 명시적 의미상의 모순이 제거될 수 없을 것이기 때문이다. 후자에서는 동일성으로 지시되는 '그것'과 '너'가 모순되기 때문에 명시적 의미를 수용하는 수용 함축을 적용한 이후에도 그 모순은 지속된다. 예컨대, '그것'의 명시적 의미를 수용하면서 '그것'이 '너'라는 말의 의미를 함축한다고 확정하더라도, 동일한 것이라고 지시되는 '그것'과 '너' 사이의 본래적인 모순 때문에 함축을 통해 수용된 '그것'의 명시적 의미는 여전히 '너'의 의미와 모순되고 만다. 결과적으로, 명시적 의미를 버리지 않으면서 함축적 의미를 더하는 수용 함축을, '그것이 너이다'라는 문구에 적용하는 것은 정당하지 않다.

**26.4** 더욱이, '그것'이라는 말이나 '너'라는 말이 그 자체 의미의 모순되는 부분을 버린 채 [모순되지 않는] 다른 부분을 동반하면서 [각각] '너'라는 말의 의미나 '그것'이라는 말의 의미를 함축한다면, 그로부터, 어떻게 다른 방식으로서 부분 함축이 수용된다는 말인가, 라고 말해서는 안 된다.

na ca tatpadaṃ tvampadaṃ vā svārthaviruddhāṃśaparityāgenāṃśāntarasahitaṃ tvampadārthaṃ tatpadārthaṃ vā lakṣayatv ataḥ kathaṃ prakārāntareṇa bhāgalakṣaṇāṅgīkaraṇam iti vācyam ‖ 26.4 ‖

▮ 주 석 ▮

bhāgalakṣaṇā: 부분 함축

어떤 말의 일차적(직접적, 명시적) 의미가 적용되지 않는 경우에, 그 말의 일차적 의미에서 모순되는 부분이 '폐기'되면서 모순되지 않는 부분인 이차적(간접적, 함축적) 의미가 '수용'(함축)되는 것이다. 일차적 의미가 부분적으로 수용된다는 측면에서 완전히 폐기되는 폐기 함축과 다르고, 일차적 의미가 부분적으로 폐기된다는 측면에서 폐기되는 것이 없는 수용 함축과 다르다. 이러한 연관에서 부분 함축은 '폐기-수용 함축'(jahadajahallakṣaṇā)이라고 불린다. 《베단따 빠리바샤》 4장에서는 폐기-수용 함축을 "한정된 것(viśiṣṭa)을 지시하는 말이 자체 의미의 한 부분을 버린 채 다른 부분에 놓이는 경우"라고 정의한다.

폐기-수용 함축의 예로는, '천이 불탔다', '마을이 불탔다' 등을 들 수 있다. 이 경우에 불타기 이전의 본래 '천'과 '마을'의 의미는 폐기되고, 이미 불타버린 '천'과 '마을'의 의미가 수용된다. 따라서 두 문구에서 '천'과 '마을'은, 각각 불타기 이전의 '천'과 '마을'이라는 부분적 의미를 버리고, 각각 이미 불타버린 '천'과 '마을'이라는 부분적 의미를 함축한다.

■ 해 설 ■

본문 26.1부터 26.3까지의 주장에 대해 제기될 수 있는 반론을 보여준다. 만약 '그것이 너이다'라는 문구에서 '그것'이라는 말이나 '너'라는 말이, 그 자체 의미의 모순되는 부분을 버리고 모순되지 않는 다른 부분을 동반하면서 각각 '너'라는 말의 의미나 '그것'이라는 말의 의미를 함축한다면, 굳이 수용 함축과는 다른 방식인 부분 함축이라는 것을 받아들일 필요가 없지 않겠는가? 만약 '그것이 너이다'라는 문구에서 '그것'이라는 말이 모순되는 부분인 '간접성' 등을 버리고(폐기하고) 모순되지 않는 부분인 순수의식을 동반하면서(수용하면서) '너'라는 말의 의미를 함축하거나, 또는 '너'라는 말이 모순되는 부분인 '직접성' 등을 버리고(폐기하고) 모순되지 않는 부분인 순수의식을 동반하면서(수용하면서) '그것'이라는 말의 의미를 함축한다면, '빨강이 달린다'라는 문구에서 '빨강이라는 속성'이 수용된 채로 '빨강 속성을 가진 말 등이라는 본체'를 함축하는 것과 같이, 수용 함축이 적용된다고 볼 수 있지 않는가? 하지만 이와 같은 반론은 타당하지 않다(본문 26.5).

**26.5** 하나의 말에 의해 그 자체 의미의 부분과 다른 말의 의미라는 두 가지가 함축되는 것이 가능하지 않기 때문이며, 또한 [듣고 있는] 다른 말에 의해 그것(어떤 말)의 의미에 대한 확정이 있을 때에 함축을 통해 다시금 그것에 대해 확정하는 것이 필요하지 않기 때문이다.

ekena padena svārthāṃśapadārthāntarobhayalakṣaṇāyā asambhavāt padāntareṇa tadarthapratītau lakṣaṇayā punas tatpratītyapekṣābhāvāc ca ‖ 26.5 ‖

**▌해 설▐**

본문 26.4의 반론은 두 가지 이유에서 타당하지 않다. 먼저, 하나의 말이 그 자체 의미의 부분을 지시하면서 아울러 다른 말의 의미를 지시하는 것은 함축에서 가능하지 않다. 첫째, '강가에 부락이 거주한다'와 같은 폐기 함축에서 '강가'라는 말은 완전히 폐기된 채로 '강둑'이라는 다른 말의 의미를 함축한다. 둘째, '빨강이 달린다'와 같은 수용 함축에서 '빨강'이라는 말은 그 자체 의미인 '빨강'이라는 속성 전체를 지시하면서 '(빨강) 말 등'이라는 다른 말의 의미를 함축한다. 셋째, 부분 함축이라는 것은 하나의 말이 그 자체 의미의 모순되는 부분을 버리고 모순되지 않는 부분을 함축하는 것이다. 그 자체 의미의 부분을 함축할 뿐, 다른 말의 의미를 함축하지는 않는다. 예컨대, '그것이 너이다'라는 문구에서 '그것'이라는 말이 모순되는 부분인 '간접성' 등을 버리고(폐기하고) 모순되지 않는 부분인 순수의식을 동반하면서(수용하면서) '너'라는 말의 의미를 함축한다는 것은 불가능하다. '그것'이라는 말은 그 자체 의미의 부분을 버리고 단지 그 자체 의미의 다른 부분을 함축하는 것이다. 따라서 어떤 함축에서도 하나의 말이 그 자체 의미의 부분을 동반하면서 다른 말의 의미를 함축하지는 않는다.

게다가, 본문 25.5에서 말하듯이, '그것'과 '너'라는 말이 모두 쓰이고 있으므로 하나의 말에 의해 다른 말의 의미가 확정된 경우에 함축을 통해 다시금 후자가 전자를 지시한다고 확정할 필요가 없다.

## 27. 부분 함축의 적용

**27.1** 따라서, '그가 이 데와닷따이다'라는 문구나 그 의미가, 과거와 현재의 특징적 데와닷따로 지시되는 명시적 의미의 부분에 모순이 있기 때문에, 과거와 현재의 특징성이라는 모순된 부분을 버리고 나서 모순되지 않는 데와닷따의 부분만 함축하듯이, 마찬가지로 '그것이 너이다'라는 문구나 그 의미는, 간접성과 직접성 등의 특징적 순수의식 사이의 동일성으로 지시되는 명시적 의미의 부분에 모순이 있기 때문에, 간접성과 직접성 등의 특징성이라는 모순된 부분을 버리고 나서 모순되지 않는 불가분적 순수의식만 함축한다.

tasmād yathā so 'yaṃ devadatta iti vākyaṃ tadartho vā tatkālai-tatkālaviśiṣṭadevadattalakṣaṇasya vākyārthasyāṃśe virodhād viru-ddhatatkālaitatkālaviśiṣṭatvāṃśaṃ parityajyāviruddhaṃ devadattāṃśamātraṃ lakṣayati tathā tat tvam asīti vākyaṃ tadartho vā parokṣatvāparokṣatvādiviśiṣṭacaitanyaikatvalakṣaṇasya vākyārthasyāṃśe virodhād viruddhaparokṣatvāparokṣatvādiviśiṣṭatvāṃśaṃ parityajyāviruddham akhaṇḍacaitanyamātraṃ lakṣayatīti ‖ 27.1 ‖

■ 해 설 ■

본문 23.6과 비슷한 내용이다. '그것이 너이다'라는 문구에 적용되는 부분 함축을 설명한다. 동일성을 말하는 이 문구에서 '그것'의 간접성 등과 '너'의 직접성 등은 양자의 명시적 의미가 모순되는 부분이다. 이 부분이 먼저 폐기된다. 그러고 나서 '그것'과 '너'라는 말에서 모순되지 않는 부분, 즉 양자가 모두 불가분적 순수의식이라는 그 부분이 함축(수용)된다.

## 28. 경험적 문구의 의미

**28.1** 이제 바로, '나는 브라흐만이다'라는 경험적 문구의 의미를 설명한다.

athādhunāhaṃ brahmāsmīty anubhavavākyārtho varṇyate ‖ 28.1 ‖

■ 주 석 ■

anubhavavākya: 경험적 문구

'anubhava'는 아드와이따 베단따에서 직접적 이해(지식) 또는 직접적 경험의 뜻으로 쓰인다. 따라서 'anubhava-vākya'는 '브라흐만에 대한 직접적 이해나 직접적 경험'(brahma-sākṣātkāra)을 표현한 대문구

(mahāvākya)라는 의미이다. 경험적 문구는 '교훈적 문구'(upadeśa-vākya)라고 불리기도 한다.

▮ 해 설 ▮

'그것이 너이다'라는 문구의 의미를 분석적으로 명료화하는 지금까지의 시도와 달리, 이제부터는 '나는 브라흐만이다'(ahaṃ brahmāsmi)라는 경험적 문구의 의미를 설명한다. '그것이 너이다'라는 문구로부터 대문구의 취지를 이해한 다음, 직접적 경험의 소산인 '나는 브라흐만이다'라는 문구로부터 개별자와 브라흐만의 동일성에 대한 경험적 획득 과정을 알고자 하는 것이다(본문 28편, 29편).

**28.2** 이와 같이 대스승에 의해, 가탁과 탈-가탁을 앞세워 '그것'과 '너'라는 말의 의미가 명료해지고 나서 문구로부터 불가분적 의미가 알려진 경우에, 자격자에게 '나는 영원·순수·이지·자유·존재를 본질로 하고, 궁극적 환희이며, 무한이고, 비-이원적인 브라흐만이다'라는 불가분체의 형태를 취한 의식의 변형이 나타난다.

evam ācāryeṇādhyāropāpavādapuraḥsaraṃ tattvampadārthau śodhayitvā vākyenākhaṇḍārthe 'vabodhite 'dhikāriṇo 'haṃ nityaśuddhabuddhamuktasatyasvabhāvaparamānandānantādvayaṃ brahmāsmīty akhaṇḍākārākāritā cittavṛttir udeti ‖ 28.2 ‖

▮ 주 석 ▮

cittavṛtti: 의식의 변형

일반적으로 내적기관(antaḥkaraṇa)이 불러일으키는 어떤 생각이나 느낌의 변형을 말한다. 요가(Yoga)에서와 달리 아드와이따 베단따에서는 'citta'라는 용어 대신에 '내적기관'(antaḥkaraṇa)이라는 용어를 주로 쓰기에, '의식의 변형'은 곧 '내적기관의 변형'(antaḥkaraṇa-vṛtti)이다. 의식(citta, buddhi)은 브라흐만으로서의 순수의식(cit, bodha)과 구별되는 것으로서 내적기관을 가리키며, 의식의 변형은 그러한 의식이 감각의 연속·추론·언어 등을 통해 '전변된 상태'(변형=바뀐 형태)를 가리킨다. 의식의 변형은 불가분체의 형태를 취하거나(본문 28.2) 비-지각적 사물의 형태를 취한다(29.4).

■ 해 설 ■

본문 22.1에서 말하듯이 가탁과 탈-가탁의 방법을 통해 '그것'과 '너'의 의미가 명료해진 다음에, '그것이 너이다'라는 문구로부터 불가분적 의미인 브라흐만(순수의식)이 알려진다. 이 경우에 자격자(adhikārin)에게는 자신이 바로 이러저러한 속성을 가진 브라흐만이라는, 즉 '나는 이러저러한 브라흐만이다'라는 의식의 변형이 생긴다. 이 의식의 변형은 브라흐만·아뜨만의 궁극적 동일성을 획득하기 이전에, 불가분체인 브라흐만·아뜨만의 형태를 취하고 있는 의식의 특정한 변형이다.

**28.3** 한편, 그것(의식의 변형)은 순수의식의 반사에 따라 수반된 것으로서, '내적 자아와 차이가 나지 않고 알려지지 않은 궁극적 브라흐만'을 대상화한 다음에, 바로 그것(브라흐만)과 관계된 무지를 지양한다 ― 그 경우, 천의 원인인 실이 연소할 때에 천 [또한] 연소하는 것과 같이, 만

물의 원인인 무지가 지양되어 있을 때에 그것(무지)의 결과인 만물이 [또한] 지양되기 때문에, 그것(만물)에 포함되는 불가분체의 형태를 취한 의식의 변형 역시 지양되고 만다.

sā tu citpratibimbasahitā satī pratyagabhinnam ajñātaṃ paraṃ brahma viṣayīkṛtya tadgatājñānam eva bādhate tadā paṭakāraṇatantudāhe paṭadāhavad akhilakāraṇe 'jñāne bādhite sati tatkāryasyākhilasya bādhitatvāt tadantarbhūtākhaṇḍākārākāritā cittavṛttir api bādhitā bhavati ‖ 28.3 ‖

▮주 석▮

pratibimba: 반사

본문 8.3, 9.1, 14.7, 17.7, 18.2에서는 '호수나 물에 반사된 허공'이라는 비유를 든다. 28.4에서는 '거울에 반사된 얼굴'이라는 비유를 든다. 이러한 '반사'라는 개념은 아드와이따 베단따에서 특별한 중요성을 가진다.

브라흐만과 세계 또는 아뜨만과 비-아뜨만 사이의 관계를 해명하기 위해 아드와이따 베단따 학자들은 세 가지 비슷하면서도 서로 다른 이론을 내세운다. 그것들은 (1) 의사설(ābhāsa-vāda), (2) 반사설(pratibimba-vāda), (3) 제한설(avaccheda-vāda)이다. (1)은 샹까라의 제자인 수레슈와라가, (2)는 빠드마빠다, 쁘라까샤뜨만(Prakāśātman) 등 비와라나 학파 학자들이, (3)은 바마띠 학파의 대표자인 바짜스빠띠 미슈라(Vācaspati Miśra)가 각각 지지한다. (1)에 따르면, 세계 또는 비-아뜨만은 브라흐만·아뜨만의 허구적 현상으로서 후자와 동일하지도 않으면서 그 자체로 실재이지도 않은 의사(擬似), 사이비(似而非), 가현(假現)이다. 동일한 대상에 대해 혼수상태(무지)에서는 실재한다고 보지만 정상적 상태(해탈)에서는 비-실재한다고 보는 것과 같다. (2)에서는 반사된 것으로서의 세계 또는 비-아뜨만이 원형(bimba)으로서의 브라흐만 · 아뜨만만큼 실재한다고 여긴다. 거울에 비친 얼굴이 실제 얼굴만큼 실재성을 가지는 것과 같다. (3)에 따르면, 세계 또는 비-아뜨만은 브라흐만 · 아뜨만이 제한된 것이다. 제한 그 자체는 개념적이고 비-실재이지만, '제한된 것처럼 보이는 것'은 사실 '제한되지 않은 것'이고 실재이다. 항아리에 의해 제한된 허공이 제한되지 않은 허공 전체와 차이가 나지 않는 것과 같다.

이상의 세 가지 이론은 세계를 환영으로 여기는 아드와이따 베단따에서, 그나마 세계에 얼마만큼 존재성을 부여할 것인가 하는 문제에 대해 답한 것들이다. 세계에 존재성을 부여하는 정도를 따지자면, 의사설보다는 제한설이, 제한설보다는 반사설이 더 많은 존재성을 부여한다. 이 책은 대체적으로 반사설을 따르고 있다.

▮해 설▮

불가분체의 형태를 취한 의식의 변형은 순수의식인 브라흐만 · 아뜨만의 반사에 따라 수반(발생)된 것이다. 이러한 의식의 변형은, '내적 자아와 동일하고 또 본래적으로 이미 확립된 것이지만 아직 알려지지 않은 것으로서의 궁극적 브라흐만'을 대상화한다. 곧 내적 자아로서의 브라흐만을 '알고자 하는 대상'으로 포착한다. 그러고 나서 이러한 의식의 변형은 브라흐만과 관계하는 즉 '브라흐만을 처소(āśraya)로 가지고 브라흐만을 대상(viṣaya)으로 하는' 무지를 지양한다. 불가분체의 형태를 취한 의식의 변형은 속박의 상태에 놓인 것이지만, 그와 동시에 해탈로 가는 방편의 구실을 하는 것이다.

그렇지만 의식의 변형 역시 최종적으로는 지양되고 만다. 천의 원인인 실이 연소할 때에 실의 결과인 천 또한 연소하는 것과 같이, 만물의 원인인 무지가 지양될 때에 무지의 결과인 만물 또한 지양되기 때문이다. 의식의 변형은 당연히 무지의 산물로서 만물에 포함되는 것이다. 불가분체의 형태를 취한 의식의 변형이 지양될 경우, 내적 자아('나')가 곧 유일무이한 순수의식('브라흐만')이라는 사실을 깨닫게 된다.

**28.4** 그 경우에, 등불의 빛이 '태양의 빛을 조명할 수 없는 것'으로서 그것(태양)에 제압 당하고 말듯이, 마찬가지로 반사된 순수의식 또한 '스스로를 조명하고 있으며 내적 자아와 차이가 나지 않는 궁극적 브라흐만을 조명할 수 없는 것'으로서 그것(브라흐만)에 제압 당하고 말며, 그 자체의 한정자로 존재하는 불가분체의 [형태를 취한] 의식의 변형이 지양됨으로 말미암아, 거울이 없을 때에 반사된 얼굴이 얼굴 자체로 되듯이, 내적 자아와 차이가 나지 않는 궁극적 브라흐만 자체가 된다.

tatra pratibimbitaṃ caitanyam api yathā dīpaprabhādityaprabhāvabhāsanāsamarthā satī tayābhibhūtā bhavati tathā svayamprakāśamānapratyagabhinnaparabrahmāvabhāsanānarhatayā tenābhibhūtaṃ sat svopādhibhūtākhaṇḍacittavṛtter bādhitatvād darpaṇābhāve mukhapratibimbasya mukhamātratvavat pratyagabhinnaparabrahmamātraṃ bhavati ‖ 28.4 ‖

▌해 설▐

의식의 변형을 수단으로 하여 무지를 지양하는 경우에, '의식의 변형(한정자)에 의해 한정된 순수의식'인 '반사된 순수의식'(pratibimbita-caitanya, cit-pratibimba)은 순수의식 그 자체에 제압 당하고 만다. 내적 자아와 본질적으로 동일한 궁극적 브라흐만(순수의식)은 자기 조명체이기 때문이다. 이것은 마치 '등불의 빛'(반사된 순수의식)이 '태양의 빛'(순수의식)에 제압 당하고 마는 것과 같다. 그리고 무지의 지양으로 말미암아 '반사된 순수의식'의 한정자로서 불가분체의 형태를 취한 의식의 변형이 지양될 경우, '반사된 순수의식'은 본질적으로 동일한 궁극적 브라흐만 자체가 된다. 한정자가 지양될 경우에는 한정대상(브라흐만)만이 유일하게 남기 때문이다. 이것은 마치 거울(의식의 변형)이 치워졌을 때에 거울에 반사된 얼굴(반사된 순수의식)이 사라지고 본래의 얼굴 자체(순수의식)만 남는 것과 같다.

## 29. 두 가지 '의식의 변형'

**29.1** 그리고 이러할 경우에, "오직 마음에 의해 일견될 수 있다"(브르-우 4.4.19), "마음에 의해 생각되지 않는 것이며"(께나-우 1.6)라는 그러한 두 계시서는 모순되지 않는다 – '변형에 의한 충만'을 수용함으로써 '대응물에 의한 충만'에 대한 부정이 제시되기 때문이다.

evaṃ ca sati "manasaivānudraṣṭavyaṃ", "yan manasā na manute" ity anayoḥ śrutyor avirodho vṛttivyāpyatvāṅgīkāreṇa phalavyāpyatvapratiṣedhapratipādanāt ‖ 29.1 ‖

▮ 해 설 ▮

본문에 인용된 두 개의 계시서 문구는 얼핏 모순적 진술처럼 보인다. 브라흐만이 마음에 의해 일견될 수 있다고 말하면서, 아울러 브라흐만이 마음에 의해 생각되지 않는 것이라고 말하기 때문이다. 그렇지만 '변형에 의한 충만'(vṛtti-vyāpyatva)을 수용하고 '대응물에 의한 충만'(phala-vyāpyatva)을 부정하는 방식에 따라 이러한 모순은 해결될 수 있다.

의식의 변형(내적기관의 변형)이 불가분체(순수의식)와 관계하는 경우에 작용하는 방식은 그것이 비-지각적 사물과 관계하는 경우에 작용하는 방식과 다르다. 먼저 후자의 경우에 어떤 사물에 대한 무지는 '의식의 변형'과 '의식의 변형에 반사된 순수의식'(cit-pratibimba, -ābhāsa, 순수의식의 반사)에 의해 파기되고 그로 말미암아 사물은 드러나게 된다. 무엇보다 사물을 드러나게 하기 위해서 '반사된 순수의식'은 반드시 필요하다. 반면 전자의 경우에는 브라흐만(순수의식)에 대한 무지를 파기하기 위해 오직 '의식의 변형'(변형)만 필요로 하고 '의식의 변형에 반사된 순수의식'(대응물)을 필요로 하지 않는다. 브라흐만은 스스로를 조명하는 자기 조명체이기 때문에(본문 28.4, 29.3), 그 자체를 드러내기 위해서 '반사된 순수의식'과 같은 것을 필요로 하지 않는다. 그래서 의식의 변형이 무지를 파기하는 것만으로도 브라흐만이 드러나게 되는 것이다. 바꾸어 말해서, '나는 브라흐만이다'의 경우는 '그것은 브라흐만이다'의 경우와 달리, '나'로서 '반사된 순수의식'이 스스로 브라흐만이라는 사실을 직접 경험하는 것이기 때문에, 무지의 파기를 위해서 오로지 의식의 변형만 필요할 따름이다. 무지가 파기되면 의식(내적기관), 의식의 변형, 반사된 순수의식 또한 파기되고, '나는 브라흐만이다'라는 순수의식의 동일성(단일성)에 관한 직접적 경험에 이르게 된다. 이와 같이 불가분체의 형태를 취한 의식의 변형이 브라흐만에 대한 지식으로 나아가는 과정을 바로 '(의식의) 변형에 의한 충만'이라고 부른다. 그러므로 브라흐만에 대한 지식・경험(충만)이 관계하는 한, '변형(의식의 변형)에 의한 충만'은 수용되고 '대응물(반사된 순수의식)에 의한 충만'은 부정된다. '반사된 순수의식'을 대응물(phala)이라고 부르는 까닭은 그것이 원형(bimba)인 순수의식에 대응하는 결과로서 반사(prati-bimba)이기 때문이다.

인용 문구에서 브라흐만이 '마음에 의해 일견될 수 있음'은 '변형에 의한 충만'을 수용하는 것과 관계한다. '마음'을 '의식의 변형'으로 읽을 수 있다. 그리고 브라흐만이 '마음에 의해 생각되지 않음'은, 자기조명체인 순수의식의 반사 없이는 의식의 작용이 단독으로 불가능하다는 점을 일반적으로 뜻한다. 하지만 이 문맥에서는 '마음'을 '반사된 순수의식'(대응물)으로 읽음으로써, '대응물에 의한 충만'을 부정하는 것과 관계가 있다고 볼 수 있다. 반사된 순수의식이 브라흐만에 대한 무지를 파기하는 데 필요하지 않다는 것을 뜻한다. 따라서 계시서 문구들은 서로 모순되지 않는다.

**29.2** 그래서 "그것(관조자)에 대해 오직 '대응물에 의한 충만'이 논서의 저자들에 의해 배제되고, 브라흐만에 대한 무지의 소멸을 위해 '변형에 의한 충만'이 요구된다"(빤짜 7.90, 7.92)라고 말해진다.

tad uktam –

"phalavyāpyatvam evāsya śāstrakṛdbhir nivāritam |

brahmaṇy ajñānanāśāya vṛttivyāptir apekṣitā" iti ‖ 29.2 ‖

▮주 석▮

ajñānanāśa: 무지의 소멸

해탈의 직접적 수단인 지식을 획득하는 것은 무지의 소멸·파기·부정을 통해서만 가능하다. 무지의 소멸과 브라흐만에 대한 지식은 동시적이다. 본문 29.1과 29.3은 무지의 소멸이 왜 그렇게 강조되는지 간접적으로 알려 준다.

▮해 설▮

인용 문구의 첫 번째 줄은 《빤짜다쉬》 7.90으로부터, 두 번째 줄은 같은 책 7.92로부터 각각 인용된 것이다.

**29.3** 또한 "[브라흐만은] 스스로를 조명하고 있기 때문에 반사는 소용에 닿지 않는다"(빤짜 7.92)라고 [말해진다].

"svayamprakāśamānatvān nābhāsa upayujyate" iti ca ‖ 29.3 ‖

▮해 설▮

본문 29.2에 인용된 문구의 두 번째 줄이 《빤짜다쉬》 7.92 시구의 첫 번째 줄을 이루고, 여기에 인용된 문구가 그 시구의 두 번째 줄을 이룬다. 따라서 《빤짜다쉬》 7.92의 전체 시구는, "브라흐만에 대한 무지의 소멸을 위해 '변형에 의한 충만'이 요구된다. [브라흐만은] 스스로를 조명하고 있기 때문에 반사(ābhāsa)는 소용에 닿지 않는다"이다.

오직 '의식의 변형에 의한 충만'을 통해서 무지를 소멸하는 것만으로 브라흐만은 알려지게 된다. 브라흐만은 자기 조명체이기 때문에 '반사된 순수의식'(순수의식의 반사)의 도움 없이 무지의 소멸만으로 드러나는 것이다.

**29.4** 비-지각적 사물의 형태를 취한 의식의 변형에는 차별점이 있다.

jaḍapadārthākārākāritacittavṛtter viśeṣo 'sti ‖ 29.4 ‖

▌해 설▌

'불가분체의 형태를 취한 의식의 변형'이 불가분체인 순수의식과의 관계에서 작용하는 것과 달리, '비-지각적 사물의 형태를 취한 의식의 변형'은 사물과의 관계에서 작용하므로 그 경우가 다르다.

**29.5** 이를 풀이한다. '이것은 항아리이다'에서 항아리의 형태를 취한 의식의 변형은, 알려지지 않은 항아리를 대상화한 다음에, 그것(항아리)과 관계된 무지의 소멸을 앞세워 그 자체와 관계된 '순수의식의 반사'로써 비-지각적 항아리 또한 조명한다.

tathā hi | ayaṃ ghaṭa iti ghaṭākārākāritacittavṛttir ajñātaṃ ghaṭaṃ viṣayīkṛtya tadgatājñānanirasanapuraḥsaraṃ svagatacidābhāsena jaḍaṃ ghaṭam api bhāsayati ‖ 29.5 ‖

▌해 설▌

비-지각적 사물의 형태를 취한 의식의 변형은 미지의 사물(항아리)을 대상화한 다음에 두 가지 기능을 한다. 하나는 사물(항아리)에 대한 무지를 소멸하는 것이고, 다른 하나는 그 자체와 관계된 '순수의식의 반사'(cid-ābhāsa)로써 즉 그 자체에 존재하는 '반사된 순수의식'으로써 사물(항아리)을 비추는 것이다. 이러한 의식의 변형과 '불가분체의 형태를 취한 의식의 변형'에서 무지를 소멸하는 기능은 양자에 공통적이지만, '순수의식의 반사'로써 대상을 조명하는 기능은 전자에만 있다. 후자에서는 대상화된 것이 자기 조명체인 브라흐만임으로 말미암아 '순수의식의 반사'가 '순수의식'에 제압 당하고 말기 때문이다(본문 28.4). '이것은 항아리이다'의 경우에 의식의 변형은 항아리에 대한 무지를 소멸하고 그 자체와 관계된 '순수의식의 반사'로써 항아리에 대한 자기관념(자기지식)을 이룬다.

**29.6** 그래서 "지성과 '그것에 존재하는 순수의식의 반사'라는 이 둘은 항아리에 충만해진다. 그 경우에 지성에 의해 무지가 소멸할 것이고 반사에 의해 항아리가 현시할 것이다"(빤짜 7.91)라고 말해진다.

tad uktam –

"buddhitatsthacidābhāsau dvāv etau vyāpnuto ghaṭam ।

tatrājñānaṃ dhiyā naśyed ābhāsena ghaṭaḥ sphuret" iti ॥ 29.6 ॥

**▌해 설▐**

모든 내적기관들을 대변하는 것으로서 지성(buddhi)은 의식의 변형에 대한 다른 이름이다. 항아리 등과 같은 비-지각적 사물의 형태를 취한 의식의 변형은 '변형에 의한 충만'과 '대응물에 의한 충만'을 모두 요구한다.

**29.7** 예컨대, 등불의 빛무리는 암흑에 존재하는 항아리, 천 등을 대상화한 다음에, 그것들과 관계가 있는 암흑의 소멸을 앞세워 그 자체의 빛으로써 그것들 또한 조명한다.

yathā dīpaprabhāmaṇḍalam andhakāragataṃ ghaṭapaṭādikaṃ viṣayīkṛtya tadgatāndhakāranirasanapuraḥsaraṃ svaprabhayā tad api bhāsayatīti ‖ 29.7 ‖

▮ 해 설 ▮

등불의 빛무리(빛의 둥그스름한 모양새)는 의식의 변형을, 암흑은 무지를 각각 뜻한다. 그리고 빛무리에서 발생하는 빛은 '반사된 순수의식'을 뜻한다.

본문 28편과 29편에서는 '나는 브라흐만이다'라는 경험적 문구가 어떻게 직접적으로 이해되고 경험되는지에 관해 설명한다. 무엇보다 29.4부터 29.7까지는, 브라흐만(불가분체)이 아닌 사물과 관계하는 의식의 변형이 경험을 획득하는 과정을 기술하여 '나는 브라흐만이다'와 같은 직접적 경험을 획득하는 과정과 대비시킴으로써, 경험적 문구의 의미를 더욱 선명하게 이해할 수 있게끔 한다.

# Ⅳ. 실행(實行, anuṣṭhāna)

## 30. 실행수단들

**30.1** 자신의 본질인 순수의식에 대한 그와 같은 직접적 지식에 이를 때까지 듣기·숙고하기·명상하기·삼매를 실행하는 것이 필요하기 때문에, 그것들을 또한 설명한다.

evaṃbhūtasvasvarūpacaitanyasākṣātkāraparyantaṃ śravaṇamanananididhyāsanasamādhyanuṣṭhānasyāpekṣitatvāt te 'pi pradarśyante ‖ 30.1 ‖

▒ 주 석 ▒

sākṣātkāra: 직접적 지식

지각을 본질로 하는 지식이다. 일반적으로 감각을 통한 직접적 지각을 뜻하지만, 아드와이따 베단따에서는 최고 실재(브라흐만 또는 아뜨만)에 대한 직관적, 직각적, 직접적 지식을 뜻한다.

▒ 해 설 ▒

지금까지 모든 논의는 그 자신의 본질인 순수의식, 즉 브라흐만·아뜨만에 대한 직접적 지식으로 결론 맺는다. 그렇다면 이러한 연관에서 그 직접적 지식을 어떻게 얻을 수 있는가와 같은 실천적인 문제가 남는다. 그래서 이제, 듣기·숙고하기·명상하기·삼매(三昧)와 같은 실행수단(성취수단)들을 상설한다.

**30.2** 듣기라는 것은 여섯 종류의 표식들을 통해 [유일]무이한 실재가 모든 베단따 [문헌]들의 취지임을 확정하는 것이다.

śravaṇaṃ nāma ṣaḍvidhaliṅgair aśeṣavedāntānām advitīye vastuni tātparyāvadhāraṇam ‖ 30.2 ‖

**30.3** 한편, 표식들은 시작과 끝, 반복, 참신성, 결과, 의미진술, 논증이라고 알려진다.

liṅgāni tūpakramopasaṃhārābhyāsāpūrvatāphalārthavādopapattyākhyāni ‖ 30.3 ‖

▌해 설▌

이러한 여섯 종류의 표식들은 《전철학강요》(全哲學綱要, Sarva-darśana-saṃgraha) '뿌르나쁘라즈냐 학파'(Pūrṇaprajña-darśanam)에 나오는 한 시구에서 살펴진다. 그 시구는 바라하미히라(Varāhamihira; 기원후 475~550)의 《브르하뜨 상히따》(Bṛhat-saṃhitā)로부터 기원한다고 《전철학강요》에서 밝히고 있다.

《전철학강요》에 나오는 시구를 본문 30.3 다음에 연결시킨 출판본도 있다. 그것은 이러하다. 그래서 "취지를 결정할 경우에 시작과 끝, 반복, 참신성, 결과, 의미진술, 논증이라는 표식들이 있다"라고 말해진다(tad uktam – "upakramopasaṃhārābhyāso 'pūrvatāphalam arthavādopapattī ca liṅgaṃ tātparyanirṇaye" | ).

**30.4** 그 가운데서, '시작과 끝'이란 장절에서 다루어지는 주제가 그 시작과 끝에서 제시되는 것이다. 예컨대, 찬도그야 [우빠니샤드의] 6장에서는, "유일무이한"(찬도-우 6.2.1)이

라고 시작해서 또 "이 모든 것들은 그것을 아뜨만(본질)으로 한다"(찬도-우 6.8.7)라고 끝나며, 장절에서 다루어지는 [유일]무이한 실재가 제시된다.

tatra prakaraṇapratipādyasyārthasya tadādyantayor upapādanam upakramopasaṃhārau | yathā chāndogye ṣaṣṭhādhyāye prakaraṇapratipādyasyādvitīyavastunaḥ "ekam evādvitīyaṃ" ityādau "etadātmyam idaṃ sarvaṃ" ityante ca pratipādanam ‖ 30.4 ‖

▮ 해 설 ▮

'시작과 끝'(upakrama-upasaṃhāra)이라는 표식은 장절에서 다루어지는 주제가 장절의 시작과 끝에서 제시되는 것을 이른다. 예시로 나오는 《찬도그야 우빠니샤드》 6장의 주제는 '유일무이한 실재'이다. 그리고 이 주제는 장절의 시작과 끝에서 어김없이 제시된다. 이러한 연관에서 '시작과 끝'이라는 표식은 수미일관성(首尾一貫性)을 가리킨다. 곧 장절의 시작과 끝에서 주제가 일관적으로 제시되어야 한다는 표식이다.

**30.5** 반복이란 장절에서 다루어지는 실재(주제)가 그 안에서 자주 제시되는 것이다. 예컨대, 바로 그곳의 안에서는 [유일]무이한 실재에 관해 '그것이 너이다'라며 아홉 번 제시된다.

prakaraṇapratipādyasya vastunas tanmadhye paunaḥpunyena pratipādanam abhyāsaḥ | yathā tatraivādvitīyavastuni madhye tat tvam asīti navakṛtvaḥ pratipādanam ‖ 30.5 ‖

■ 해 설 ■

반복(abhyāsa)이라는 표식은 장절에서 다루어지는 주제가 장절이 전개되는 가운데 지속적으로 자주 제시되는 것을 이른다. 예컨대, 본문 30.4에서와 동일한 예시에서, 그 장절의 주제인 '유일무이한 실재'가 그 장절의 내부에서 '그것이 너이다'라는 문구의 형식으로 아홉 번 반복적으로 제시된다.

**30.6** 참신성이란 장절에서 다루어지는 [유일]무이한 실재가 다른 지식수단의 대상이 되지 않는 것이다. 예컨대, 바로 그곳에서는 [유일]무이한 실재가 다른 지식수단의 대상이 되지 않는다.

prakaraṇapratipādyasyādvitīyavastunaḥ pramāṇāntarāviṣayīkaraṇam apūrvatā । yathā tatraivādvitīyavastuno mānāntarāviṣayīkaraṇam ॥ 30.6 ॥

■ 해 설 ■

참신성(apūrvatā)이라는 표식은 장절에서 다루어지는 주제, 즉 유일무이한 실재가 다른 지식수단에 의해 지식대상이 되지 않는 것을 이른다. 곧 장절의 주제가 지각·추론과 같은 다른 지식수단들에 의해 알려지지 않아야 한다. 유일무이한 실재로서 브라흐만은 초감각적(atīndriya)인 것이기에 오직 성언(계시서, 우빠니샤드)이라는 지식수단에 의해서만 알려지는 것이라고 아드와이따 베단따에서는 말한다. 그래서 우빠니샤드를 흔히 '알려지지 않은 것을 가르치는 교서'(ajñātajñāpakaṃ śāstram)라고 부르는 것이다. 본문 30.4에서와 동일한 예시에서는, 주제인 유일무이한 실재가 다른 지식수단의 대상이 되지 않기 때문에 이와 같은 참신성이라는 표식을 가진다.

**30.7** 한편, 결과란 장절에서 다루어지는 아뜨만에 대한 지식이 또는 그것의 실행이 여기저기에서 유용하다고 들려지는 것이다. 예컨대, 그곳에서는 "대스승을 가진 사람이 지식을 얻는다. 그에게는 [현세의 육신으로부터] 자유로워지지 않는, 단지 그만큼만 [해탈이] 지연된다. 그러고서 [존재에] 합일할 것이다"(찬도-우 6.14.2)라며 [유일]무이한 실재에 대한 지식의 유용함은 그것을 얻는 것이라고 들려진다.

phalaṃ tu prakaraṇapratipādyasyātmajñānasya tadanuṣṭhānasya vā tatra tatra śrūyamāṇaṃ prayojanam | yathā tatra "ācāryavān puruṣo veda tasya tāvad eva ciraṃ yāvan na vimokṣye 'tha sampatsye" ity advitīyavastujñānasya tatprāptiḥ prayojanaṃ śrūyate ‖ 30.7 ‖

▒ 해 설 ▒

결과(phala)라는 표식은 장절에서 다루어지는 지식과 실행, 즉 아뜨만에 대한 지식과 그 지식의 실행이 유용(prayojana)하다고 여러 곳에서 알려지는 것을 이른다. 예컨대, 본문 30.4에서와 동일한 예시에서는, 유일무이한 실재인 아뜨만에 대한 지식을 통해 자유・해탈・합일이라는 결과를 얻을 수 있다고 들려 준다. 실재에 대한 지식이 유용하다는 사실은 그 지식을 얻음으로써 해탈이라는 결과에 이를 수 있다는 점에서 확인된다.

**30.8** 의미진술이란 장절에서 다루어지는 [실재가] 여기저기에서 찬양되는 것이다. 예컨대, 바로 그곳에서는 "들려지지 않은 것이 들려지게 되고 생각되지 않은 것이 생각되게 되고 알려지지 않은 것이 알려지게 되는 그 교훈을 여쭈었는가?"(찬도-우 6.1.3)라며 [유일]무이한 실재가 찬양된다.

prakaraṇapratipādyasya tatra tatra praśaṃsanam arthavādaḥ | yathā tatraiva "uta tam ādeśam aprākṣyaḥ, yenāśrutaṃ śrutaṃ bhavaty amataṃ matam avijñātaṃ vijñātaṃ" ity advitīyavastu-praśaṃsanam || 30.8 ||

▮ 주 석 ▮

arthavāda: 의미진술

베다 문헌들에서 만뜨라(mantra) 또는 명령(vidhi)의 '의미'(artha)에 대해 '진술'(vāda)한 것이라고 풀이할 수 있다. 미맘사에서는 의미진술의 기능을, 명령을 지시하는 문구와 '문구적 통일성'이 있기 때문에 명령을 찬양하는 문구라고 말한다. 그래서 명령에 긍정적 명령(명령)과 부정적 명령(금지명령)이 있듯이, 의미진술도 일반적으로 찬양(stuti)과 비난(nindā)이라는 두 종류로 나뉜다. 찬양이나 비난의 구분 없이 'arthavāda'가 혼자 쓰일 때에는 많은 경우 찬양만을 뜻한다.

▮ 해 설 ▮

의미진술이라는 표식은 장절에서 다루어지는 실재가 여러 곳에서 찬양되는 것을 이른다. 본문 30.4에서와 동일한 예시에서도 이러한 의미진술이 발견된다. 실재가 들려지지 않고 생각되지 않고 알려지지 않은 것이라는 표현은 실재에 대한 찬양에 해당된다.

**30.9** 논증이란 장절에서 다루어지는 주제를 실증할 때에 여기저기에서 들려지는 논의이다. 예컨대, 그곳에서는 "그대여, 하나의 찰흙덩이를 [아는 것에] 의해 찰흙으로 이루어진 모든 것들이 알려지게 되듯이, [찰흙의] 변형이란 언어에 근거하고 있으며 명칭 자체이고 오직 찰흙이라는 것만이 실재이다"(찬도-우 6.1.4)라는 등에서 [유일]무이한 실재를 실증할 때에 변형이 한갓 언어에 근거하고 있다는 논의가 들려진다.

prakaraṇapratipādyārthasādhane tatra tatra śrūyamāṇā yuktir upapattiḥ | yathā tatra "yathā saumyaikena mṛtpiṇḍena sarvaṃ mṛnmayaṃ vijñātaṃ syād vācārambhaṇaṃ vikāro nāmadheyaṃ mṛttikety eva satyam" ityādāv advitīyavastusādhane vikārasya vācārambhaṇamātratve yuktiḥ śrūyate ‖ 30.9 ‖

■ 해 설 ■

논증(upapatti)이라는 표식은 장절에서 다루어지는 주제를 실증을 통하여 확립하고자 여러 곳에서 행하는 논의를 이른다. 예컨대, 본문 30.4에서와 동일한 예시에서, 장절의 주제인 유일무이한 실재를 실증할 때에 실재의 변형(vikāra)들은 단지 언어에 근거하는 것에 지나지 않는다는 논의가 살펴진다. 실재의 다양한 변형들은 궁극적으로 질료인으로서의 실재와 질료적으로 동일하며, 실재를 제1원인으로 한다는 사실을 논의하는 것이다. 따라서 그러한 논의를 통해 유일무이한 실재가 실증된다.

논증이라는 표식은 논증·논의(이성)가 계시에 대한 보조적인 수단으로 수용됨을 간접적으로 보여 준다. 하지만 그보다도 계시서가 단지 계시만으로 이루어지지 않고 그 안에 논증을 포함하고 있다는 사실을 주목할 필요가 있다. 여섯 종류의 표식들이 계시서의 취지를 확정하기 위한 것들이고, 논증의 존재 여부가 그 가운데 한 표식이라는 점은, 그와 같은 사실을 확고하게 뒷받침해 준다.

인용 문구에서 'saumyaikena'로 표기된 것은 우빠니샤드 교정본에 'somyaikena'라고 씌어져 있다.

**30.10** 한편, 숙고하기는 [이미] 들은 [유일]무이한 실재에 대해 베단따와 호응하는 논의들을 통해 끊임없이 생각하는 것이다.

mananaṃ tu śrutasyādvitīyavastuno vedāntānuguṇayuktibhir anavaratam anucintanam ‖ 30.10 ‖

**▌해 설▐**

숙고하기는 듣기 다음의 단계로서, 이미 들려진 유일무이한 실재에 대해 베단따의 가르침과 어긋나지 않는 범위 안에서 타당성을 논리적인 방식으로 끊임없이 생각하는 것이다. '듣기를 통해 들은 것'에 관해 의심하고 그 의심을 제거하는 것 또한 이 단계에서 행한다.

**30.11** 명상하기는, 육체 등의 이종적인 관념이 없이, [유일]무이한 실재와 동종적인 관념의 흐름이다.

vijātīyadehādipratyayarahitādvitīyavastusajātīyapratyayapravāho nididhyāsanam ‖ 30.11 ‖

▌해 설▐

명상하기는 듣기와 숙고하기를 통해 세워진 확신을 바탕으로 유일무이한 실재에 지속적으로 몰두하는 것이다. 실재와 이종적(異種的)인 관념, 즉 육체 등에 대한 관념이 없는 채로 실재와 동종적인 관념이 지속적으로 흘러가는 것이 명상하기이다. 명상하기에 대한 이러한 정의는 신앙명상(upāsanā)에 대해 샹까라가 '외부적 관념(생각)의 방해 없이 마음의 유사한 변형들을 지속적으로 확립하는 것'이라고 정의한 것과 비슷하다. 하지만 신앙명상과 달리 명상하기에서는 '실재와 비-실재에 대한 분별적 지식'을 특징으로 하는 성찰을 필요로 한다.

**30.12** 삼매는 유-차별 [삼매]와 무-차별 [삼매]라는 두 종류이다.

samādhir dvividhaḥ savikalpako nirvikalpakaś ceti ‖ 30.12 ‖

**30.13** 그 가운데서 유-차별 [삼매]라는 것은, 지식주체 · 지식 등의 차별을 병합하는 것과 관계하지 않음으로써 [유일]무이한 실재에 그것의 형태를 취한 의식의 변형이 머무르는 것이다.

tatra savikalpako nāma jñātṛjñānādivikalpalayānapekṣayādvitīya-vastuni tadākārākāritāyāś cittavṛtter avasthānam ‖ 30.13 ‖

■ 해 설 ■

'유-차별(有差別) 삼매'(savikalpaka-samādhi)는 '지식주체(jñātṛ) · 지식(jñāna) · 지식대상(jñeya)이라는 3종(tripuṭī)의 차별(vikalpa, 차이)이 병합되어 사라지는 단계'(무-차별 삼매)에까지 이르지 못한 상태이기 때문에, 유일무이한 실재에 그 실재의 형태를 취한 의식의 변형이 머무른다. 유-차별 삼매에서는 실재의 형태를 취한 의식의 변형이 남아 있지만, 무-차별 삼매에서는 그것이 실재에 합일되어 버림으로써 나타나지 않고 오직 실재만이 나타난다(본문 30.16, 30.17).

유-차별 삼매는 요가에서 말하는 '유상삼매'(saṃprajñāta-samādhi)와 비슷하고, 무-차별 삼매는 '무상삼매'(asaṃprajñāta-samādhi)와 비슷하다.

**30.14** 그 경우에, 찰흙으로 이루어진 코끼리 등이 나타날 때에도 찰흙이 나타나는 것과 같이, 이원성이 나타날 때에도 비-이원적 실재가 나타난다.

tadā mṛnmayagajādibhāne 'pi mṛdbhānavad dvaitabhāne 'py advaitaṃ vastu bhāsate ‖ 30.14 ‖

■ 해 설 ■

유-차별 삼매의 경우에 비록 그 상태에서 이원성(다양성)에 대한 관념, 즉 '지식주체 · 지식 등의 구별'이 나타나 있을지라도, 비-이원적 실재가 나타나는 것만큼은 분명하다. 예컨대, 찰흙으로 이루어진 장난감 코끼리가 나올 때에 비록 그것이 실제 코끼리는 아닐지라도 찰흙이 나오는 것만큼은 분명하다.

**30.15** 그래서 "보는 것(지식)을 본질로 하고, 에테르와 같으며, 지고한 것이고, 늘 빛나며, 무-생성자이고, 단일자이며, 불멸체이고, 접촉되지 않은 것이며, 편만하고, 비-이원적인, 바로 그것이 영원히 자유로운 '나'이다. 옴"(우빠데샤 10.1)라고 말해진다.

tad uktam –
"dṛśisvarūpaṃ gamanopamaṃ paraṃ
sakṛdvibhātaṃ tv ajam ekam akṣaram ǀ
alepakaṃ sarvagataṃ yad advayaṃ
tad eva cāhaṃ satataṃ vimuktam om" iti ǁ 30.15 ǁ

**30.16** 반면 무-차별 [삼매]는, 지식주체·지식 등의 차별을 병합하는 것과 관계함으로써 [유일]무이한 실재에 그것의 형태를 취한 의식의 변형이 아주 잘 합일된 채로 머무르는 것이다.

nirvikalpakas tu jñātṛjñānādivikalpalayāpekṣayādvitīyavastuni tadā-kārākāritāyāś cittavṛtter atitarām ekībhāvenāvasthānam ǁ 30.16 ǁ

■ 해 설 ■

'무-차별 삼매'(nirvikalpaka-samādhi)라는 것은 지식주체·지식·지식대상의 차별(vikalpa)이 병합되어 사라지는 단계에까지 이른 상태이기 때문에, 유일무이한 실재에 그 실재의 형태를 취한 의식의 변형이 완벽하게 합일된 채로 머무른다. 이 상태에서는 의식의 변형이 존재하기는 하지만(본문 30.18) 나타나지 않고, 오직 실재만이 나타난다.

**30.17** 한편 그 경우에는, 물의 형태를 취한 소금이 [용해되어] 나타나지 않음으로써 물만이 나타나는 것과 같이, [유일]무이한 실재의 형태를 취한 의식의 변형이 나타나지 않음으로써 [유일]무이한 실재만이 나타난다.

tadā tu jalākārākāritalavaṇānavabhāsena jalamātrāvabhāsavad advitīyavastvākārākāritacittavṛttyanavabhāsenādvitīyavastumātram avabhāsate ‖ 30.17 ‖

■ 해 설 ■

무-차별 삼매의 경우에 그 상태에는 이원성에 대한 관념, 즉 '지식주체·지식 등의 차별'이 나타나지 않음으로써, 유일무이한 실재의 형태를 취한 의식의 변형이 나타나지 않고 오직 비-이원적인 실재만이 나타난다. 예컨대, 소금이 물에 녹은 경우에 애당초 물의 형태를 취한 소금은 나타나지 않고 오직 물만이 나타나 보인다.

**30.18** 따라서 또한, 이것(무-차별 삼매)과 숙면[상태]에 차이가 없다는 의심이 생기지는 않는다. 두 경우에 비록 [의식의] 변형이 나타나지 않는 것은 공통적일지라도, 단순히

[전자에는] 그것(의식의 변형)이 존재하고 [후자에는] 존재하지 않음으로써 그 둘의 차이가 생기기 때문이다.

tataś cāsya suṣupteś cābhedaśaṅkā na bhavati । ubhayatra vṛttyabhāne samāne 'pi tatsadbhāvāsadbhāvamātreṇānayor bhedopapatteḥ ‖ 30.18 ‖

■ 해 설 ■

이러한 사실로부터 무-차별 삼매와 숙면상태가 비슷하다는 의심이 생길 리는 없다. 두 경우 모두에서 의식의 변형이 나타나지 않는다는 공통점이 있을지라도, 의식의 변형이 무-차별 삼매에는 존재하고 숙면상태에는 존재하지 않는다는 차이점이 있기 때문이다. 삼매에는 실재의 형태를 취한 의식의 변형이 존재하지만, 단지 그것이 나타나서 인지되지 않을 뿐이다. 소금이 물에 용해된 경우에도 소금이 존재하는 것만큼은 분명하다. 숙면상태에서는 의식(내적기관)이 그것의 원인인 무지에 완전히 합병(합일)됨으로 말미암아, 의식의 변형은 존재하지 않고 '무지의 변형'(ajñāna-vṛtti)만이 존재한다(본문 8.1).

## 31. 무-차별 삼매의 8지분

**31.1** 이것(무-차별 삼매)의 지분들은 금계·권계·좌법·호흡조절·감관억제·집중·선정·삼매이다.

asyāṅgāni yamaniyamāsanaprāṇāyāmapratyāhāradhāraṇādhyānasamādhayaḥ ‖ 31.1 ‖

**31.2** 그 가운데서, "금계는 살생 금지, 거짓말 금지(진실), 도둑질 금지, 음행 금지(동정), 물욕 금지(무소유)이다."(요가-수 2.30)

tatra "ahiṃsāsatyāsteyabrahmacaryāparigrahā yamāḥ" ‖ 31.2 ‖

**31.3** "권계는 청정, 만족, 고행, 성전 독송, 신에 대한 명상(기원)이다."(요가-수 2.32)

"śaucasantoṣatapaḥsvādhyāyeśvarapraṇidhānāni niyamāḥ" ‖ 31.3 ‖

**31.4** 좌법은 손・발 등의 특정한 자세로 특징지어지며, 연화좌・길상좌 등이다.

karacaraṇādisaṃsthānaviśeṣalakṣaṇāni padmasvastikādīny āsanāni ‖ 31.4 ‖

**31.5** 호흡조절은 날숨・들숨・멈춤숨으로 특징지어지며, 숨을 억제하는 수단이다.

recakapūrakakumbhakalakṣaṇāḥ prāṇanigrahopāyāḥ prāṇāyāmāḥ ‖ 31.5 ‖

**31.6** 감관억제는 감관들이 각각의 대상들로부터 억제(철회)되는 것이다.

indriyāṇāṃ svasvaviṣayebhyaḥ pratyāharaṇaṃ pratyāhāraḥ ‖ 31.6 ‖

**31.7** 집중은 [유일]무이한 실재에 내적감관을 고정하는 것이다.
advitīyavastuny antarindriyadhāraṇaṃ dhāraṇā ‖ 31.7 ‖

**31.8** 선정은, 그(집중) 경우에서, [유일]무이한 실재에 '내적감관의 변형'(의식의 변형)이 끊기고 또 끊기면서 흐르는 것이다.
tatrādvitīyavastuni vicchidya vicchidyāntarindriyavṛttipravāho dhyānam ‖ 31.8 ‖

**31.9** 한편, 삼매는 [이미] 언급된 유-차별 [삼매]만을 [뜻한다].
samādhis tūktaḥ savikalpaka eva ‖ 31.9 ‖

▌해 설▐

이상의 8지분은 무-차별 삼매의 지분들이라고 본문 31.1에서 말한다. 따라서 8지분 가운데 마지막 지분인 삼매는 유-차별 삼매만을 뜻한다고 이해해야 한다.

## 32. 무-차별 삼매의 4장애

**32.1** 이와 같이 그 지분들을 가진 무-차별 [삼매]에서 무감각·산만·집착·희열의 음미로 지시되는 4 장애가 생긴다.

evam asyāṅgino nirvikalpakasya layavikṣepakaṣāyarasāsvādalakṣaṇāś catvāro vighnāḥ sambhavanti ‖ 32.1 ‖

■ 해 설 ■

요가에서 말하는 아홉 가지 장애(antarāya)들인 '질병, 무기력, 의심, 무관심, 나태, 탐닉, 미혹, 혜안의 미획득, 경지의 불안정'[《요가수뜨라》(Yoga-sūtra) 1.30]과 비슷한 점이 있다.

**32.2** 먼저 무감각이란 불가분적 실재에 의존하지 않음으로 말미암은 '의식의 변형'의 잠이다.

layas tāvad akhaṇḍavastvanavalambanena cittavṛtter nidrā ‖ 32.2 ‖

■ 해 설 ■

무감각(laya)이라는 것은, 실재에 의존하지 않음으로 말미암아, 즉 실재에 근거하지 않음으로 말미암아, 의식의 변형이 잠과 같은 상태에 있음을 가리킨다. 이 상태에서는 의식의 활동이 없는 것이나 마찬가지이다.

**32.3** 산만이란 불가분적 실재에 의존하지 않음으로 말미암아

의식의 변형이 다른 것에 의존함이다.

akhaṇḍavastvanavalambanena cittavṛtter anyāvalambanaṃ vikṣe-paḥ ॥ 32.3 ॥

▮ 해 설 ▮

산만(vikṣepa)이라는 것은, 실재에 의존하지 않음으로 말미암아 의식의 변형이 실재가 아닌 여러 가지 다른 것들에 의존하는 심란한 상태를 가리킨다.

**32.4** 집착이란, 무감각과 산만이 없는 경우임에도, 애착 등의 인상에 따라 의식의 변형이 경직됨으로 말미암아 불가분적 실재에 의존하지 않는 것이다.

layavikṣepābhāve 'pi cittavṛtte rāgādivāsanayā stabdhībhāvād akhaṇḍavastvanavalambanaṃ kaṣāyaḥ ॥ 32.4 ॥

▮ 해 설 ▮

집착(kaṣāya)이라는 것은, 무감각과 산만이 없음에도 애착(rāga) · 혐오(dveṣa) 등 과거에 경험한 인상들에 따라 의식의 변형이 경직되어 있기 때문에, 의식의 변형이 세속적(경험적)인 것들에만 의존하면서 불가분적 실재에는 의존하지 않는 상태를 가리킨다.

**32.5** 희열의 음미란 불가분적 실재에 의존하지 않음에도 의식의 변형이 유-차별 [삼매]의 환희를 음미하는 것이다. 또

는, [무-차별] 삼매가 시작하는 시간에 유-차별 [삼매]의 환희를 음미하는 것이다.

akhaṇḍavastvanavalambanenāpi cittavṛtteḥ savikalpakānandāsvādanaṃ rasāsvādaḥ | samādhyārambhasamaye savikalpakānanandāsvādanaṃ vā ‖ 32.5 ‖

▮ 해 설 ▮

희열의 음미(rasāsvāda)라는 것을 두 가지로 풀이할 수 있다. 첫째, 의식의 변형이 실재에 의존하지 않기에 실재에 대한 자각이 없음에도, 고통을 극복함으로 말미암아 유발되는 유-차별 삼매의 환희(희열)를 음미함을 가리킨다. 둘째, 의식의 변형이 무-차별 삼매가 시작하려는 시간(순간)에도 계속적으로 유-차별 삼매의 환희를 음미하는 것에 빠져 있음을 가리킨다.

## 33. 무-차별 삼매

**33.1** 이러한 4장애로부터 벗어난 의식이, 바람으로부터 비호된 등불과 같이 부동하면서 불가분체인 순수의식 자체에 머무를 때, 그 경우가 무-차별의 삼매라고 말해진다.

anena vighnacatuṣṭayena virahitaṃ cittaṃ nirvātadīpavad acalaṃ sad akhaṇḍacaitanyamātram avatiṣṭhate yadā tadā nirvikalpakaḥ samādhir ity ucyate ‖ 33.1 ‖

**33.2** 그래서 "무감각에서 의식을 깨워야만 한다. 다시, 산만한 것을 평온하게 해야만 한다. 집착이 있는 것을 알아야만 한다. 획득한 평정을 어지럽히지 말아야만 한다. 그곳에서 희열을 음미하지 않아야만 한다. 분별을 통해 집착하지 말아야만 한다"(가우-까 3.44-45)라고 말해지고, 또한 "바람으로부터 비호된 곳에 놓인 등불이 흔들리지 않듯이, [요기에 대한] 이러한 비유가 전해진다"(바가-기 6.19)라고 말해진다.

tad uktam –

"laye sambodhayec cittaṃ vikṣiptaṃ śamayet punaḥ ǀ

sakaṣāyaṃ vijānīyāc chamaprāptaṃ na cālayet ǁ

nāsvādayed rasaṃ tatra niḥsaṅgaḥ prajñayā bhavet" iti,

"yathā dīpo nivātastho neṅgate sopamā smṛtā" iti ca ǁ 33.2 ǁ

# V. 생해탈자(生解脫者, jīvanmukta)

## 34. 생해탈자에 대한 정의

**34.1** 이제 생해탈자의 특징을 말한다.

atha jīvanmuktalakṣaṇam ucyate ‖ 34.1 ‖

▌주 석▐

jīvanmukta: 생해탈자(生解脫者)

직역하면 '살아 있으면서'(jīvat) '자유로운 자'(mukta)를 뜻한다. 곧 생해탈(jīvanmukti)을 얻은 사람이다. 다른 베단따 학파들과는 달리 아드와이따 베단따에서는 생해탈을 현실적으로 가능한 해탈로 여긴다. 생해탈과 대비되는 것은 탈신해탈(脫身解脫, videha-mukti)로서 죽음 이후에 획득되는 것이다. 이와 같은 두 종류의 해탈(mukti, mokṣa)을 구분하는 기준은 육화상태의 유무이다. 생해탈은 육신을 가지고 있는 상태의 해탈이고, 탈신해탈은 육신을 완전히 여읜 이후에만 가능한 해탈이다. 그렇지만 생해탈에서도 여전히 탈-육화성(aśarīratva)으로서 해탈을 말하며, 이때 탈-육화성이란 육신을 가지고 있으면서도 육신이 허구이고 아뜨만만이 실재라는 것을 아는 것이다.

한편, 아드와이따 베단따에서는 해탈을 시간적 요소와 관련시켜 즉각적 해탈(sadyo-mukti)과 점진적 해탈(krama-mukti)로 나누기도 한다.

**34.2** 생해탈자라는 것은, 자신의 본질인 불가분적 브라흐만에 대한 지식으로써 그것(브라흐만)에 대한 무지를 지양하는 것을 통해 자신의 본질인 불가분적 브라흐만이 직접적으로 알려진 경우에, 무지와 그것의 결과인 축적 업, 의심,

착오 등 또한 지양됨으로 말미암아 모든 속박으로부터 자유로운 채 브라흐만에 몰두해 있는 자이다.

jīvanmukto nāma svasvarūpākhaṇḍabrahmajñānena tadajñānabādhanadvārā svasvarūpākhaṇḍabrahmaṇi sākṣātkṛte 'jñānatatkāryasañcitakarmasaṃśayaviparyayādīnām api bādhitatvād akhilabandharahito brahmaniṣṭhaḥ ‖ 34.2 ‖

■ 주 석 ■

sañcitakarma: 축적 업(蓄積 業)

세 가지 업 가운데 하나이다. 세 가지 업이란, (1) 축적 업, (2) 개시 업(prārabdha-karma), (3) 현행 업(kriyamāṇa-karma) 또는 도래 업(āgāmī-karma)이다. (1)은 전생에 축적된 업으로서 그 결과가 아직 작동하지 않는 것이고, (2)는 축적 업 가운데서 현생에 그 결과가 작동하고 현생이 끝날 때까지 영향을 주는 것이며, (3)은 현생에 만들어지는 업으로서 내생에 그 결과가 작동하는 것이다. 따라서 생해탈을 획득한 경우에 축적 업과 현행 업을 모두 없앨 수 있지만 개시 업을 없앨 수는 없다. 개시 업의 경우에는, 이미 업의 작동이 시작되었기 때문에 그 업은 정해진 경로를 따를 뿐이다. 그렇지만 생해탈자는 그러한 개시 업에도 아무런 영향을 받지 않는다고 한다. 또한, 꿈에서 깨어난 자에게 꿈에서 본 사물이 아무런 의미가 없듯이, 생해탈자에게도 개시 업이 존재하는가에 대한 질문은 아무런 의미가 없다고 한다[《비웨까 쭈다마니》(Viveka-cūḍāmaṇi) 453, 454].

bandha: 속박

해탈에 반대되는 말이다. 해탈을 속박의 소멸・파기라고 정의하기도 한다. 무지가 그 원인이기 때문에 무지가 소멸될 때에 함께 소멸된다.

▮ 해 설 ▮

지식의 획득과 무지의 지양(파기)은 동시적이다. 따라서 브라흐만에 대한 무지의 지양을 통해 브라흐만에 대한 지식을 얻는다고도 할 수 있다.

지식의 획득이란 브라흐만에 대한 '직접적' 지식을 얻었다는 뜻이다. 그 경우에 무지와 무지의 결과들이 뒤따라서 지양된다. 무지의 결과들이란, 과거의 행위로 말미암아 축적된 업, 개별자와 브라흐만의 동일성에 대한 의심(saṃśaya), 비-아뜨만을 아뜨만으로 잘못 알고 있는 착오(viparyaya) 등등이다. 그리하여 생해탈을 획득한 생해탈자는 모든 속박으로부터 자유로운 채 브라흐만에 지속적으로 몰두한 상태에 머무르게 된다.

**34.3** "지고한 것(원인)이고 지고하지 않은 것(결과)인 그것(아뜨만)이 보일 때, 마음의 매듭이 끊기고 모든 의심들이 풀리며, 또한 그(구도자)의 행위들이 소멸된다"(문다-우 2.2.9)라는 등의 계시서 때문이다.

"bhidyate hṛdayagranthiś chidyante sarvasaṃśayāḥ ǀ
kṣīyante cāsya karmāṇi tasmin dṛṣṭe parāvare" ityādiśruteḥ ǁ 34.3 ǁ

## 35. 생해탈자의 경험과 실재

**35.1** 한편, 그(생해탈자)는 명상 종결의 시간에, 살·피·오줌·똥 등의 처소인 신체로써, 눈멂·느림·둔함 등의 처소인 감관 집합들로써, 또한 허기·갈증·슬픔·미혹 등의 처소인 내적기관으로써, 비록 이전과 이전의 인상들에 따라 행하고 있는 '행위들'과 향유하고 있는 '지식에 제지되지 않는 개시된 결과들'을 보고 있을지라도, [그것들이] 지양되었음으로 말미암아 실재적으로는 보지 않는다. 예컨대, 마술이라고 알고 있는 자는 비록 그 마술을 보고 있을지라도 그것이 실재라고는 보지 않는다.

ayaṃ tu vyutthānasamaye māṃsaśoṇitamūtrapurīṣādibhājanena śarīreṇāndhyamāndyāpaṭutvādibhājanenendriyagrāmeṇāśanāpipāsāśokamohādibhājanenāntaḥkaraṇena ca pūrvapūrvavāsanayā kriyamāṇāni karmāṇi bhujyamānāni jñānāviruddhārabdhaphalāni ca paśyann api bādhitatvāt paramārthato na paśyati | yathendrajālam iti jñānavāṃs tadindrajālaṃ paśyann api paramārtham idam iti na paśyati ‖ 35.1 ‖

▮ 주 석 ▮

paramārthataḥ: 실재적으로는

'궁극적으로', '일의적으로' 등과 같은 의미가 일반적이지만, 아드와이따 베단따에서는 '실재적 관점으로부터', '실재적 관점에서는' 등과 같은 의미로 쓰는 경우가 많다. 'paramārtha'가 곧 실재를 뜻하기 때문이다.

아드와이따 베단따에서는 실재에 대해 두 가지 관점을 적용한다. 그것들은 실재적 관점(pāramārthika)과 경험적 관점(vyāvahārika)이다. 이러한 인식론적 의미의 '관점'과 별도로 후대 학자들은 존재론적 의미의 '존재'(sat, satya)를 주로 쓰는 경향이 있다. 그 결과, (1) 실재적 존재(pāramārthika-sat), (2) 경험적 존재(vyāvahārika-sat), (3) 허구적 존재(prātibhāsika-sat), (4) 부재(tuccha)와 같이 2분화, 3분화, 4분화한 존재론적 위계가 나온다. 존재의 위계를 설정하는 것은 존재들을 실재성의 정도에 따라 구분함으로써 실재를 더 잘 이해하고자 하는 목적에 따라서이다.

▮ 해 설 ▮

생해탈자는 명상이 끝난 시간에, 비록 신체 · 감관 · 내적기관의 활동 · 작동으로써 보통 사람들과 똑같이 과거 인상에 따라 행하고 향유하지만, 실재적 관점에서는 그러한 것들이 모두 지양되었기 때문에 그렇게 행하고 향유하지 않는다. 향유하고 있는 '개시된 결과들'이란 경험하고 있는 '개시 업'(prārabdha-karma)을 말한다. 개시 업은 그 업의 행로를 따라가기 때문에, 아뜨만에 대한 지식을 얻었을지라도 그 지식에 제지되지 않는다.

여기에서는 탈신해탈이 아닌 생해탈이 어떻게 현실적으로 가능한지를 간접적으로 보여 준다. 살아 있으면서도 해탈이 가능한 까닭은, 생해탈자가 외형적으로 속박된 사람들과 똑같은 방식으로 경험하는 것처럼 보이지만, 실제로는 경험(이원성)하는 모든 것들과 관계하지 않는 채로 실재(비-이원성)에만 몰두하고 있기 때문이다.

**35.2** "눈이 있는 자가 눈이 없는 자인 것처럼, 귀가 있는 자가 귀가 없는 자인 것처럼"이라는 등의 계시서 때문이다.

"sacakṣur acakṣur iva sakarṇo 'karṇa iva" ityādiśruteḥ ‖ 35.2 ‖

**35.3** 게다가 "비록 이원성을 보고 있을지라도 숙면[상태]에서처럼 생시[상태]에서 비-이원성으로부터 이원성을 보지 않는 자가, 또한 비록 행위하고 있을지라도 행위를 하지 않는 자가 아뜨만을 알 뿐, 다른 자들은 그렇지 않다는 것이 이곳에서의 확신이다"(우빠데사 10.13)라고 말해진다.

uktaṃ ca—

"suṣuptavaj jāgrati yo na paśyati

dvayaṃ ca paśyann api cādvayatvataḥ |

tathā ca kurvann api niṣkriyaś ca yaḥ

sa ātmavin nānya itīha niścayaḥ" iti ‖ 35.3 ‖

## 36. 생해탈자의 순응과 무심

**36.1** 그(생해탈자)에게는, '지식의 [획득] 이전에 행하고 있을 따름이던 먹기·걷기 등'에 대한 순응과 같이, 오직 좋은 욕구들에 대한 순응이 있거나 또는 좋고 나쁜 것에 대한 무심이 있다.

asya jñānāt pūrvaṃ vidyamānānām evāhāravihārādīnām anuvṛttivac chubhavāsanānām evānuvṛttir bhavati śubhāśubhayor audāsīnyaṃ vā ‖ 36.1 ‖

▌해 설▐

생해탈자는 브라흐만에 대한 지식을 획득하기 이전에 또는 해탈의 이전에 먹기·걷기 등 여러 가지 일상적 행위들에 순응(anuvṛtti)했을 것이다. 그가 그러했던 것처럼 해탈 이후에는 오직 좋은 욕구들에 대한 순응만이 있다. 나쁜 욕구들은 해탈에서 존재하지 않는다. 또는, 그보다 더 나아가, 좋은 것과 나쁜 것에 대해 오직 무심(audāsīnya)한 상태에 있다.

**36.2** 그래서 "만약 실재의 비-이원성을 깨달은 자가 욕구하는 바에 따라 행동한다면, 불순한 것을 먹는 데 '개들'과 '실재를 본 사람들' 사이에 실로 어떤 차이가 있는가?"(나이-싯 4.62)라고 말해지고, "또한 '브라흐만을 안다'라는 것(관념)을 버린 뒤에 그가 아뜨만을 알 뿐, 다른 자들은 또 그렇지 않다"(우빠데샤 12.13)라고 말해진다.

tad uktam –

"buddhādvaitasatattvasya yatheṣṭācaraṇaṃ yadi |

śunāṃ tattvadṛśāṃ caiva ko bhedo 'śucibhakṣaṇe" iti ‖

"brahmavittvaṃ tathā muktvā sa ātmajño na cetaraḥ" iti ‖ 36.2 ‖

## 37. 생해탈자와 덕성

**37.1** 그(생해탈자) 경우에, 겸손 등은 지식의 성취수단들이고, 또 호의(자비) 등의 덕성들은 장신구처럼 따라다닌다.

tadānīm amānitvādīni jñānasādhanāny adveṣṭṛtvādayaḥ sadguṇāś cālaṅkāravad anuvartante ‖ 37.1 ‖

■ 해 설 ■

겸손 등과 같은 것들은 아뜨만에 대한 지식을 얻는 데 필요한 성취수단(sādhana)이다. 그와 달리 생해탈자에게 호의 등의 덕성들은 아뜨만에 대한 지식과 더불어 즉각적으로 자연스럽게 생기기 때문에, 그것들은 성취수단이라고 말할 수 없다(본문 37.2). 그것들은 마치 장신구처럼 생해탈자에게 부수적으로 따라다닌다. 수행자·구도자(sādhaka)에게 성취수단인 것들은 완성자·성취자(siddha)에게 장신구에 지나지 않기 때문이다.

**37.2** 그래서 "왜냐하면, 아뜨만에 대한 지식을 획득한 자에게는 호의(자비) 등의 미덕들이 힘들이지 않고 생기기 때문이다. 하지만 그것들은 성취수단 같아 보이지 않는다"(나이-싯 4.69)라고 말해진다.

tad uktam—

"utpannātmāvabodhasya hy adveṣṭṛtvādayo guṇāḥ ।

ayatnato bhavanty asya na tu sādhanarūpiṇaḥ" iti ‖ 37.2 ‖

## 38. 생해탈자와 브라흐만 상태

**38.1** 요컨대, 내적기관, [순수의식의] 반사 등에 대한 조명체로 존재하는 그(생해탈자)는, 육체의 부양만을 위해서 '[자신의] 욕망과 욕망 없음과 다른 자의 욕망에 따라 수반되고' '행복·불행으로 특징지어지는' 개시된 결과들을 경험하면서, 그것들(개시된 결과들)이 종결되고 내적 환희인 궁극적 브라흐만에 숨들(감관들)이 병합되어 있는 경우에 무지와 그것(무지)의 결과와 잠재인상마저도 소멸됨으로 말미암아, 궁극적 독존이고 순수환희와 동질적인 것이며 모든 차이의 현현으로부터 자유로운 불가분적 브라흐만에 머무른다.

kiṃ bahunāyaṃ dehayātrāmātrārtham icchānicchāparecchāprāpitāni sukhaduḥkhalakṣaṇāny ārabdhaphalāny anubhavann antaḥkaraṇābhāsādīnām avabhāsakaḥ saṃs tadavasāne pratyagānandaparabrahmaṇi prāṇe līne saty ajñānatatkāryasaṃskārāṇām api vināśāt paramakaivalyam ānandaikarasam akhilabhedapratibhāsarahitam akhaṇḍabrahmāvatiṣṭhate ॥ 38.1 ॥

▌주 석▌

kaivalya: 독존(獨存)

브라흐만의 '유일무이성'에 대한 다른 표현이다. 요가에서는 '뿌루샤'를 위한 목적이 없어진 구나(guṇa)들이 '쁘라끄르띠'로 돌아가는 것, 또는 순수의식의 힘(동력)이 그 자체의 본질에서 확립되어 있는 것이 독존이다(《요가 수뜨라》 4.34). 독존은 해탈·지고선(apavarga)이라는 이름으로 불린다.

▩ 해 설 ▩

생해탈자는 순수의식인 브라흐만・아뜨만의 상태에 있는 사람이기 때문에 내적기관, 순수의식의 반사(반사된 순수의식) 등과 같은 것들을 조명하는 주체 즉 관조자이다. 그러한 생해탈자는 단지 육체의 부양만을 위해서 개시된 결과(업)를 경험한다. 그 업들을 경험하는 것이 끝나고 죽음에 이르러 근저로서의 육체가 없음으로 말미암아 브라흐만에 숨들(감관들)이 병합되는 경우에, 이전에 확립된 지식에 의해 무지, 무지의 결과, 잠재인상(saṃskāra)마저도 모두 소멸됨으로써 그는 브라흐만에 머무르게 된다.

상까라와 같은 초기 아드와이따 베단따 학자들은 생해탈을 탈신해탈보다 더 강조하는 것처럼 보인다. 그러나 후기 아드와이따 베단따에 이르러서는 개시 업이 종결된 상태에서 가능한 탈신해탈을 궁극적인 해탈로 여긴다. 여기에서도 브라흐만・아뜨만의 상태에 머무르는 것으로서 탈신해탈을 말하고 있다. 탈신해탈이란 아뜨만이 모든 형태의 무지로부터 자유로운 상태이고, 아뜨만의 본질이 완전하게 현현하는 상태이다.

**38.2** "그의 감관들은 [몸으로부터] 떠나지 않는다"(브르-우 4.4.6), "[감관들은] 바로 그의 안에 융합된다"(브르-우 3.2.11), "[이미] 자유로운 자가 [육화로부터] 자유로워진다"(까타-우 5.1)라는 등의 계시서 때문이다.

"na tasya prāṇā utkrāmanti", "atraiva samavalīyante", "vimuktaś ca vimucyate" ityādiśruteḥ ‖ 38.2 ‖

■ 해 설 ■

첫 번째 인용 문구에서는, 욕망으로부터 자유롭고 오직 아뜨만만을 욕망하는 자의 감관(숨)들이 윤회세계로 가기 위해서 몸(육신)으로부터 떠나지 않고 아뜨만에 융합된다는 점을 말한다. 두 번째 인용 문구에서도, 생해탈자가 죽음을 맞이할 경우에 모든 감관(숨)들이 바로 그의 아뜨만에 융합된다는 점을 강조한다. 세 번째 인용 문구에서는 이미 생해탈을 획득한 자가 다시는 육신을 가지지 않게 된다는 점을 역설한다.

**이리하여, 고승(高僧)이고 탁발승(托鉢僧)이며 대스승인, 성(聖) 사다난다가 쓴 《베단따의 정수》가 완결된다.**

iti śrīmatparamahaṃsaparivrājakācārya-
sadānandaviracito vedāntasāraḥ samāptaḥ ॥

# 찾아보기